KB263657

나는 5천만 원으로 두 번째 월급 받는다

나는
5천만 원으로
두 번째
월급
받는다
홍성일 지음
평생
월 300만 원
버는
상가투자
핵심 노하우
50
page2

차례

1장

이것만 알면 돈 버는 상가를 찾을 수 있습니다

2장

신도시와 구도심 상가는
공략법이 완전히 다릅니다

지금, 상가라는 시장을 다시 읽어야 하는 이유

— 스마트튜브 부동산조사연구소 소장 김학렬(빠숑)

20년 현장 경험이 말하는 확신

요즘 상가 시장을 바라보는 시선에는 우려가 적지 않다. 그러나 《나는 5천만 원으로 두 번째 월급 받는다》는 그와 정반대의 신호를 읽어낸다. 시장이 흔들릴수록 사람들은 더 안전해 보이는 답만 반복하지만, 이 책은 바로 그 틈에서 '준비된 사람에게 보이는 기회'를 하나씩 꺼내 보여준다. 나아가 지금 이 시기에 어떤 상가를 어떻게 바라봐야 하는지부터 차근차근 다시 묻고 그 질문에 명쾌한 답을 제시한다.

저자 홍성일은 20년 넘게 전국 현장을 직접 걷고 기록하며 수천 개 상가를 분석해온 사람이다. 숫자만 보는 것이 아니라, 임차인의 표정과 배후 수요, 동선까지 함께 읽어온 사람이기도 하다. 그런 그가 상가는 여전히 살아 있고 준비된 사람에게는 언제나 기회가 존재한다고 단언한다. 이 말은 오랜 시간 축적된 데이터와 경험에서 나온 확신에 가깝다.

지금이 저평가 매물을 찾을 골든타임

많은 이들이 여전히 '상가투자는 큰돈이 있어야 한다.'라고 생각한다. 저자는 이 편견부터 통쾌하게 깨뜨린다. 2021년에 낙찰가 5억 6천만 원의 상가를 레버리지를 활용해 실투자금 1억 5천만 원 수준으로 매수하고, 이후 매도해 9억 원의 차익을 거둔 사례는 "각자의 예산에 맞는 기회는 반드시 있다."라는 메시지를 매우 구체적으로 증명한다.

특히 강남권 단지 내 상가만 보아도 가격대는 상상보다 훨씬 넓고 각자의 자금 규모에 맞게 선택할 수 있는 자리는 언제나 존재한다는 메시지는 많은 투자자들이 '내 예산으로 설계 가능한 자리'를 다시 따져보게 할 것이다.

저자는 지금을 저평가된 물건을 찾을 수 있는 골든타임으로 본다. 실투자금 5천만 원 수준으로도 접근 가능한 상가는 생각보다 많으며, 경매와 대출의 조합, 구분상가에서 출발해 단계적으로 확장하는 방식, 임대수익과 시세차익을 동시에 노리는 '1석2조' 전략 등 현실적인 로드맵들이 존재하기 때문이다.

상가는 아파트와 달리 시간이 흐를수록 임대료가 쌓이고 땅값이 자산가치를 받쳐주어 안정적인 현금흐름을 만든다는 본질적 장점도 이 책은 놓치지 않는다. 덕분에 막연한 두려움은 관리 가능한 리스크로 바뀐다.

두 번째 월급을 만드는 실전 매뉴얼

무엇보다 인상적인 대목은 상가를 '월세 나오는 상품'이 아닌 '가치를 키우는 사업'으로 보게 한다는 점이다. 업종 변화, 동선, 배후 수요, 지역의 성장 스토리를 읽는 법을 익히면 상가는 운에 맡기는 투자가 아니라 실력으로 승부하는 영역이 된다. 그래서《나는 5천만 원으로 두 번째 월급 받는다》는 단순한 상가투자서가 아니라 불확실한 시대에 개인이 현금흐름을 설계하고 삶의 안전망을 확장하는 실전 매뉴얼에 가깝다.

지금 소액으로도 시작할 수 있을지, 상가로 정말 '두 번째 월급'을 만들 수 있을지 확신이 서지 않아 망설이고 있다면, 이 책은 가장 현실적인 출발점이 되어줄 것이다. 위기와 기회는 언제나 한 장의 동전 앞뒷면처럼 붙어 있고 현장을 읽는 사람이 결국 기회를 먼저 잡는다. 이 한 권이 '상가투자는 남의 이야기'라는 체념을 걷어내고 당신의 통장에 두 번째 월급이 쌓이는 길을 열어주는 진짜 길잡이가 되기를 바란다.

부동산 침체기야말로
상가투자의 골든타임이다

요즘 들어 상가투자에 부정적인 시선이 부쩍 늘었다. 하지만 20년 넘게 현장을 직접 걷고 기록하며 수천 개의 상가를 분석해온 내가 하고 싶은 말은, 상가가 여전히 살아 있고 준비된 사람에게 기회는 언제나 존재한다는 것이다. 과거를 돌아보면 시장은 수없이 흔들렸지만 상가는 결코 사라지지 않았다. 오히려 위기라 불린 시기마다 새로운 기회가 피어났다.

지금은 기회의 시기이다. 실투자금 5천만 원으로 투자할 수 있는 상가들이 얼마든지 있다. 시장이 침체되었다는 말이 나올 때가 바로 저평가된 물건을 찾을 수 있는 골든타임이다. 최근 경매로 나온 감정평가액 6억 원의 신도시 1층 상가가 6천만 원에 낙찰되는 사례도 있었다. 이러한 기회는 아직도 곳곳에 있다. 단지 공부와 준비가 부족해서 기회를 놓치고 있을 뿐이다.

코로나 시기, 명동의 공실률이 40%가 넘자 명동에 투자를 하면 피눈물을 흘린다는 이야기가 돌았다. 그러나 그 시점에 누군가는 급매로 상가 건물을 매입했다. 현재 명동은 한류 붐에 힘입어 제자리를 찾아가고 있으며, 이면 골목 160평 상가의 월세가 보증금 7억 원에 월세 7,000만 원에 달할 정도로 회복했다.

상가투자는 큰돈이 있어야 한다는 생각 또한 편견이다. 나는 전국 여러 지역에 다양한 상가를 소유하고 있다. 그중에서 실투자금 800만 원으로 매수한 상가는 보증금 인상으로 투자금을 모두 회수하고도 돈이 남는 상황이 되기도 했다. 수천만 원이든 수억 원이든, 각자의 예산에 맞는 기회는 반드시 존재한다.

시대가 바뀌고 트렌드는 늘 달라져도 상가투자의 본질은 변하지 않는다. 사람들은 다양한 투자 방식을 시도하지만 종착지는 상가이다. 자영업자는 '내 건물에서 장사하고 싶다.'라고 말하고, 부동산 투자자는 '월세 나오는 건물'을 꿈꾼다. 상가는 아파트와 달리 임대수익이 꾸준히 쌓이고, 시간이 지나면 땅값이 오르며, 결국 안정적인 현금 흐름을 만들어주는 자산이기 때문이다. 퇴직 이후의 삶이 불안한 지금의 시대에 상가가 두 번째 인생을 지탱하는 든든한 기반이 될 수 있다는 점은 누구도 부인하지 못할 것이다.

그래서 여전히 많은 이들이 서울 강남 한복판의 건물주가 되어 아무것도 하지 않아도 월 5천만 원에서 1억 원에 이르는 임대수익으로 여유 있는 삶을 누리는 꿈을 꾼다. 하지만 대부분이 로또에 당첨되지 않는 한 남의 일일 뿐이라고 생각한다.

나는 금수저가 아니어도 충분히 그 길에 오를 수 있다고 늘 자신

있게 얘기한다. 단, 한 번에 도약하려 해서는 안 된다. 저금리 시대를 지나며 건물 값은 급등했고, 진입장벽은 높아졌다. 현실적인 길은 '한 번에 건물주'가 아니라 '단계적으로 성장하는 투자자'가 되는 것이다. 작은 눈덩이가 굴러가며 점점 커지는 '스노우볼 이펙트(Snowball Effect)'처럼, 투자도 반복과 축적을 통해 속도를 붙여야 한다. 구분상가에서 출발해 꼬마빌딩으로, 다시 중형 건물로 도약하는 흐름 속에서 자산은 단단해지고 투자자는 성장한다.

이 책에서 본격적으로 다룰 '꼬마빌딩 투자'는 바로 그 단계적 성장의 핵심이다. 특히 '골목형 꼬마빌딩 투자'는 적은 자본으로도 높은 수익률을 기대할 수 있는 전략이다. 대로변의 대형 빌딩이 아닌, 생활 동선 안의 골목형 입지에서 탄탄한 임대수익과 자산가치 상승을 동시에 노릴 수 있다. 그리고 이 중간 단계를 밟고 더 큰 건물로 갈아타는 것이다. 나는 이 전략을 수많은 현장에서 검증했다.

이 책은 상가투자가 낯선 초보자와 막연히 두려움을 느끼는 사람들을 위한 실전 가이드이다. 지난 20년간 현장을 누비며 얻은 데이터, 그리고 수많은 성공과 실패의 경험을 압축해 이 책에 담았다.

1장에서는 실전에서 바로 써먹는 상가투자의 기초를 다룬다. 초보자들이 흔히 저지르는 실수를 피하는 방법부터 시작해 상가투자를 바라보는 새로운 시각까지 폭넓게 다루었다. 쇠락한 상권에서도 기회를 찾는 법, 문화 소비 트렌드를 읽는 법, 수익률 계산과 동선 분석, 건축물대장을 활용하는 방법까지, 실제 투자 현장에서 바로 활용할 수 있는 핵심만 담았다.

2장부터는 본격적인 투자 전략으로 들어간다. 고양창릉신도시, 하남교산신도시, 인천계양신도시 등 3기 신도시 투자법을 구체적으로 제시하였으며 구도심에서 틈새를 찾는 방법들도 다양하게 소개하였다.

3장에서는 상가의 가치를 높이는 방법들을 다룬다. 업종 변경을 통해 가치를 올리는 법, 리모델링과 용도변경을 통한 가치 상승 전략 등을 생생한 사례와 함께 다루었다. 특히 꼬마빌딩 가치 투자의 핵심인 '원도심 꼬마빌딩'과 '골목형 꼬마빌딩'의 투자 포인트를 상세히 제시했다.

부담 없이 읽을 수 있도록 이야기하듯 쉽게 설명했지만 한 장 한 장은 현장의 땀과 발자국으로 채워져 있는 이 책이 독자에게 상가투자의 문을 여는 '첫걸음'이 되길 바란다.

1장

이것만 알면
돈 버는 상가를
찾을 수 있습니다

1

목돈이 없어도
상가투자 가능하다

상가투자, 어떤 길을 택할 것인가

📍 상가투자의 3가지 유형

상가투자에는 크게 3가지 길이 있다. 첫째는 임대료를 통해 꾸준한 현금흐름을 얻는 '수익형 투자', 둘째는 지역의 변화와 개발에 맞춰 시세차익을 노리는 '차익형 투자', 셋째는 상가를 매수하여 직접 사업을 운영하는 '사업형 투자'이다. 각각의 길은 고유한 리스크와 기회를 품고 있어 투자자는 자신의 성향과 여건에 맞는 길을 택해야 한다.

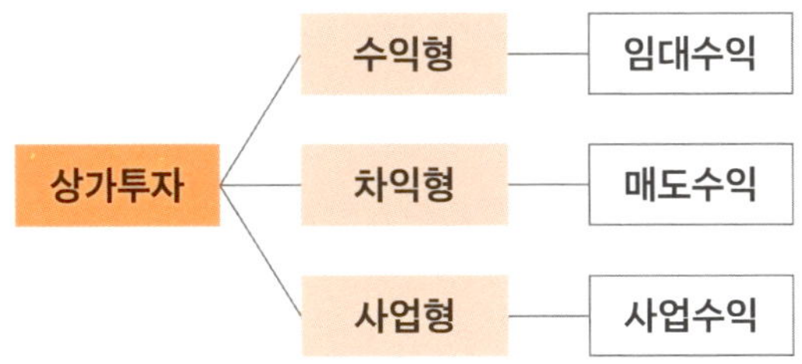

수익형 투자는 쉽게 말해 상가를 사서 임차인을 구하고 매달 월세를 받는 방법으로 가장 많은 상가 투자자들이 택하는 길이다. 연금처럼 일정한 현금흐름을 원한다면 이만큼 확실한 방법도 없다. 특히 아파트나 다세대 주택이 밀집된 지역처럼 상권이 꾸준히 유지되는 곳의 상가는 안정성이 높다. 코로나 시기에도 이런 생활형 상권의 상가들은 공실 없이 버티며 진가를 증명했다.

반면 차익형 투자는 미래 가치를 예상하고 개발과 변화가 일어나는 지역에 투자하는 방식이다. 지하철역 개통, 도심 재개발, 상권 활성화 같은 호재를 계기로 상가의 가치가 급등하는 경우는 흔히 볼 수 있다. 서울 익선동, 연남동, 부산 전포거리, 경주 황리단길 등이 대표적인 사례이다. 특히 연남동은 철길을 지하화하고 공원을 조성하면서 평범한 주택들이 상가로 바뀌어 큰 상권으로 성장했다. '꼬마빌딩 투자 열풍'도 사실 이러한 차익형 투자의 연장선에 있다.

다만 이 차익형 투자 방식은 분석과 경험이 필요하다. 지역의 변화, 개발 호재, 임차 수요 같은 변수들을 제대로 읽어내야 하기 때문이다. 따라서 초보자보다는 경험 많은 투자자에게 유리하다.

차익형 투자의 선순환 구조
개발 또는 창업 증가 → 유동인구 증가 → 매출 증가 → 신규 창업 증가 → 영향력 확대 → 권리금과 월세 상승 → 매매가격 상승

차익형 투자의 마법은 연쇄반응에 있다. 개발이나 창업 증가로 사람들이 몰려들기 시작하면 기존 상점들의 매출이 상승한다. 이 소문

이 퍼지면서 새로운 창업자들이 뛰어들고 상권은 점점 더 큰 자력을 갖게 된다. 이후 좋은 자리를 두고 벌어지는 치열한 경쟁 속에서 권리금과 임대료가 동반 상승하고 결국 상가 가격마저 끌어올리는 선순환이 완성된다.

최근에는 임차인이 월세 부담을 줄이기 위해 아예 상가를 매입해 직접 운영하는 경우도 많아졌다. 대출 이자가 월세보다 낮을 때는 매입이 더 안정적일 수 있으며 상가 가격이 상승하면 시세차익도 얻을 수 있기 때문이다. 무인점포, 공유오피스 같은 새로운 업종을 직접 운영하며 임대보다 더 큰 소득을 올리는 투자자도 있다. 특히 독점 영업이 가능한 지역이라면 수익성이 훨씬 커질 것이다.

📍 임대수익과 시세차익을 동시에 공략하라

내가 초보자에게 권하는 최선의 방법은 임대수익과 시세차익을 동시에 노리는 전략이다. 보유 기간 동안 월세가 꾸준히 들어오고 매도 시점에는 시세가 올라 양도차익까지 얻을 수 있다면 '1석2조'이다. 물론 임대수익이 안정적이면서 미래 가치까지 있는 상가를 찾아내는 것은 쉽지 않다. 하지만 이것이야말로 위험을 최소화하고 수익을 극대화하는 가장 현명한 길이다. 이 책은 바로 그 길을 구체적으로 안내하는 길잡이가 될 것이다.

상가투자,
정말 소액으로 가능할까?

📍 상가투자는 큰돈이 있어야 한다는
선입견부터 깨자

상가투자에 관심은 있지만 선뜻 용기가 나지 않는다는 이야기를 자주 듣는다. 이유를 물어보면 대부분 "상가는 큰돈이 있어야 투자할 수 있잖아요."라고 말한다. 그도 그럴 것이 뉴스나 기사에서는 늘 강남의 고가 상가 사례만 보여준다. '평당 1억이 넘는 강남 상가', '평당 월세 100만 원이 넘는 프리미엄 입지'와 같은 정보에만 노출되다 보니 상가는 부자들만의 영역처럼 보이는 것이다.

하지만 현장을 조금만 들여다보면 이야기는 달라진다. 강남권만 해도 단지 내 상가는 평당 3천만 원에서 1억 5천만 원까지 가격대가 매우 다양하다. 신규 분양 상가는 가격대가 높은 편이지만 의외로 오래된 상가 매물은 저렴하게 나오는 경우가 많다. 잘만 고르면 '실속 있는 매물'을 충분히 찾을 수 있는 것이다.

상가의 가격은 입지와 조건에 따라 크게 갈린다. 같은 건물 안에서도 몇 층에 위치했는지에 따라 가격이 천차만별이고 역세권인지, 아니면 평범한 주거지역인지 여부도 큰 변수를 만든다. 건물 구조와 규모 역시 가격 형성에 결정적인 영향을 준다. 이렇게 상가는 조건별로 매우 넓은 스펙트럼을 가진 투자 대상이다.

투자금이 적다면 서울이 아닌 수도권이나 지방으로 시야를 넓히는 것도 좋은 방법이다. 지방은 공실이 많아서 위험하다는 인식이 강하지만 이 또한 편견일 수 있다. 실제로는 지방 상가로 안정적인 수익을 내고 있는 투자자도 많다. 하지만 언론에서는 주로 부정적인 사례만 강조하다 보니 실제 기회보다 위험이 더 크게 비치는 경향이 있다.

📍 실투자금 300만 원으로 연 수익률 65%를 달성하다

나는 전국 여러 지역에 다양한 상가를 보유하고 있다. 그중에서 아주 소액으로 매수한 충청도의 상가를 소개하려 한다. 한 군 단위 읍내의 560세대 아파트 단지 내에 위치한 12평 규모의 상가이다. 현재 세탁소가 운영 중이며 당시 매입가는 6,300만 원으로 평당 500만 원 초반 수준이었다. 상가투자 초보 시절에 공부 삼아 접근했던 물건이지만 지금까지도 만족스럽게 보유하고 있다.

항목	금액	비고
매입가(경매 낙찰가)	63,178,000원	
대출금	44,000,000원	낙찰가의 70% (월 이자 200,000원)
취득세와 법무 비용	3,900,000원	
보증금	20,000,000원	
실투자금	3,078,000원	=낙찰가+취득세+ 법무 비용-대출금-보증금
월세	400,000원	
월 임대 순수익 (월세-이자)	200,000원	

당시 나는 상가 경험이 부족했지만 아파트 투자와 경매를 하며 쌓은 노하우가 있었다. 덕분에 투자 포인트를 보는 안목은 어느 정도 갖추고 있었고 단순히 월세 수익만 바라본 것이 아니라 구조적 약점을 극복해 가치를 올릴 수 있는 물건을 찾는 데 주력했다.

매수한 상가는 외부 출입구가 없어 내부에서만 접근 가능한 이른바 '먹통형 상가'였다. 일반적으로 공실 리스크가 크다고 알려진 구조이다. 하지만 10년 넘도록 임차인이 꾸준히 유지되며 큰 문제 없이 운영되고 있다.

대출을 제외한 실투자금은 300만 원에 불과했다. 매달 월세 수익에서 대출이자를 제외하고 20만 원 정도의 순수익을 낼 수 있었다. "겨우 20만 원이라고?"라고 반문하는 사람도 있을 것이다. 하지만 이런 상가를 10채 보유하면 어떻게 될까? 월 200만 원, 연간 2,400만 원의 안정적인 현금흐름이 만들어지며 실투자금은 3,000만 원이면

앞에 도로가 없던 과거의 상가 모습(좌)과 도로가 개통된 이후의 모습(우)

충분하다.

시간이 흐르면서 상가를 둘러싼 환경에도 변화가 있었다. 초기에는 단지 주민들만을 대상으로 한 소규모 상권이었지만 2차선 도로 개통과 함께 주변 지역에 아파트와 다세대 주택이 연이어 들어서면서 상권도 점차 확대되었다.

이에 따라 상가도 새롭게 단장했고 그 결과 활용도와 가치 모두 한 단계 업그레이드되었다. '먹통형 상가'라는 단점을 안고 시작했지만 결국 그 약점을 덮고도 남을 만큼의 수익을 안겨준 셈이다.

정리하자면 상가투자에 반드시 수억 원이 필요한 것은 아니다. 시장을 넓게 보면 다양한 선택지가 있고 지방·노후 상가에서도 고수익을 만들 수 있는 기회는 존재한다. 중요한 것은 시작 가능한 규모에서 실현 가능한 전략을 세우는 것이다.

상가투자의 운명을 가르는 금리

📍 수익보다 위험을 먼저 점검하라

월세를 받으려고 상가를 샀는데 금리 상승으로 이자가 불어나면서 오히려 은행에 월세를 바치는 신세가 되는 경우가 있다. 이때 투자자는 허탈감을 넘어서 마치 가장 가까운 사람에게 뒤통수를 맞은 듯한 배신감을 느끼게 된다.

우리는 상가의 수익 구조가 금리라는 변수에 극도로 민감하게 반응한다는 사실을 늘 유념해야 한다. 대출이라는 레버리지를 크게 활용한 상태에서 금리가 고개를 들기 시작하면 월세 수입으로는 도저히 감당할 수 없을 만큼 이자가 눈덩이처럼 불어나버린다. 처음 대출을 받던 그 순간의 금리가 영원할 거라는 착각이 안정적이라고 믿었던 상가를 하루아침에 투자자의 목을 조이는 올가미로 바꿔 놓는 것이다.

이런 위험에도 불구하고 이상하게도 일부 투자자들은 상가를 마치 명품 컬렉션처럼 대한다. '상가 주인'이라는 타이틀이 주는 만족감에 취해 투자가 아닌 '소유'에 집착하는 것이다. 그러나 상가는 자랑거리가 아니라 현금흐름 제조기여야 한다. 이런 본질에서 벗어나는 순간, 상가는 투자자를 위한 자산이 아니라 은행을 살찌우는 도구로 전락하게 된다.

상가를 폄하하려는 게 아니다. 오히려 그 반대이다. 나는 상가야말로 제대로만 다룬다면 투자자에게 가장 든든한 무기가 될 수 있다고 믿는다. 다만 제대로 알지 못하고 휘두르면 나를 해치는 칼날이 될 수 있다.

그렇다고 상가투자 자체를 두려워할 필요는 없다. 다만 고정 월세가 나올 것이라는 기대만으로 접근하는 것은 위험하다. 상가는 분명 매력적인 투자처이지만 그 매력을 온전히 누릴 수 있는 이는 가치와 리스크를 정확히 아는 사람들뿐이다. 결국 상가투자의 출발점은 '수익보다 위험을 먼저 점검하는 습관'이다.

📍 다양한 금리 환경에 대응하는 전략

아파트만 사도 오르고 분양권만 잡아도 수익이 나던 시절의 투자자들은 금리가 부동산과 경기 흐름에 얼마나 중요한 변수인지 체감하지 못했다. 하지만 어느 순간부터 상황이 달라졌다. 금리가 갑자기, 그것도 아주 빠르게 오르기 시작한 것이다. 대출 이자가 현실의 무게로 다가오면서 투자자들은 깨닫게 되었다. 금리가 부동산 시장의 핵심 변수라는 사실을 말이다.

많은 이들이 묻는다. "지금처럼 금리가 높은 시기에는 어떻게 투자해야 하죠?" 이 질문은 단순하지만 답은 복잡하다. 왜냐하면 금리는 늘 오르락내리락하며 순환하기 때문이다. 경제가 좋아지면 금리는 오르고 경기가 나빠지면 다시 내려간다. 지금의 고금리 국면도 결국은 지나갈 것이다.

오랜 세월 이 같은 금리의 순환을 겪으며 투자해온 나는 금리가 언제든 오를 수 있다는 전제를 항상 염두에 두고 움직인다. 예를 들어 보유 중인 상가의 임대수익률을 비교적 높게 세팅해둔다. 이렇게 하면 대출 이자가 오를 때 수익이 줄어들 수는 있어도, 수익 자체가 무너지진 않는다. 그만큼 투자 초기부터 여유를 확보해둔 셈이다.

중요한 건 투자 물건의 수익률 계산 기준이다. 초저금리 기준으로 수익률을 짜놓으면 금리가 조금만 올라가도 손익분기점을 넘기기 힘들다. 반면 중금리 정도에도 버틸 수 있게 구조를 설계하면 훨씬 안정적이다. 실제로 10여 년 전만 해도 지방의 1층 상가는 임대수익률이 최소 5% 이상은 되어야 매도가 가능했다. 당시 대출 금리가 5~6%였기 때문이다. 지금은 되레 그 시절보다 낮은 수익률로도 거래되는 경우가 많다.

2008년 리먼 사태, 2020년 코로나 팬데믹처럼 전 세계적으로 경제 위기가 닥칠 때마다 정부는 막대한 자금을 풀고, 그에 따라 금리는 낮아졌다. 초저금리는 그런 위기 상황의 산물이다. 이후 물가를 잡기 위해 금리는 다시 올랐고 우리는 지금의 고금리 국면에 들어와 있다.

이 흐름은 앞으로도 반복될 것이다. 단, 초저금리 시대는 아무 때나 오는 게 아니다. 대개는 세계적인 위기 속에서만 가능하다. 그러므로 우리는 현실적인 기준으로 투자 전략을 설계해야 한다. 경제 위기 때는 저금리, 경제 안정기에는 중금리가 기본 원칙임을 기억해둘 필요가 있다.

다음은 고금리 시대에도 상가투자로 수익을 내는 것이 가능하다는 것을 보여주는 사례이다. 2012년, 충북 청주시 오창의 1층 15평짜리 상가를 경매로 낙찰받은 적이 있다. 당시 대출 이자는 5% 중반대였고 서울이나 수도권의 경우 1층 상가는 임대 수익률이 4% 전후, 지방은 최소 5~6%는 되어야 거래가 가능한 시기였다. 해당 상가는

청주시 오창 상가투자 수익 계산

항목	금액	비고
매입가(경매 낙찰가)	88,100,000원	
대출금	60,000,000원	낙찰가의 68%, 이자율 6%
취득세 및 법무비	4,405,000원	낙찰가의 5%
보증금	20,000,000원	
실투자금	12,505,000원	= (낙찰가 + 취득세) − 대출 − 보증금
월세	1,000,000원	
월 대출 이자	300,000원	이자율 6%
월 임대 순수익	700,000원	=월세-월 이자
연 수익률	약 100%	$=\dfrac{(\text{월세-이자})\times12}{(\text{매수금-보증금-대출금})}\times100$

경매로 낙찰받은 청주시 오창의 1층 15평 상가 외관

유치권 문제로 시세보다 훨씬 낮은 8,800만 원에 낙찰받을 수 있었고, 이후 임차인을 들이고 안정적인 수익을 올렸다. 시간이 지나면서 시세도 크게 올라 임대 수익률 6%에 맞추어 약 3억 원에 거래가 성사됐다. 이처럼 고금리 상황에서도 매입 타이밍과 구조를 잘 설계하면 충분한 수익을 올릴 수 있다.

나는 언제나 매수자도 먹을 것이 있어야 거래가 잘 된다고 생각한다. 이 물건도 그런 기준에 충실했기 때문에 쉽게 팔 수 있었다. 현재 보유 중인 상가들도 대부분 이 같은 방법으로 투자한 물건들이다. 경매로 싸게 매입했거나 시세보다 낮은 가격에 매입했기에 언제든 매도에 대한 부담이 크지 않다.

경제는 반복되고 금리도 순환한다. 이를 이해하고 경험을 축적해 나간 사람만이 어떤 시기든 흔들리지 않고 투자할 수 있다.

상가투자의 두 얼굴
– 달콤한 유혹과 쓰라린 진실

📍 초보자라면 실패담에 귀를 기울여라

상가투자의 문턱에 선 초보자라면 가장 먼저 해야 할 일이 있다. 눈부신 성공 스토리에 현혹되기보다는 뼈아픈 실패담에 주목하는 것이다. 남들이 어떻게 실수했는지, 어느 지점에서 판단을 그르쳤는지를 미리 파악해두는 것만으로도 값진 자산이 되기 때문이다.

상가투자는 수천만 원에서 수억 원에 이르는 투자금이 필요한 투자이다. 한 번 잘못 판단하면 본인뿐 아니라 가족까지 어려움을 겪을 수 있다. 그렇기에 타인의 실패담은 값비싼 교훈이 된다.

실패담을 자세히 들여다보면 공통적으로 놓친 포인트가 드러난다. 누군가는 분양사무소 직원의 달콤한 말만 믿고 제대로 된 검증을 하지 않았고 또 다른 이는 분양가가 주변 시세보다 터무니없이 높다는 사실을 뒤늦게 깨달았다. 어떤 이는 상권 자체가 이미 죽어가고 있었는데도 그 신호를 읽지 못했다. 이런 사례들은 부동산 커뮤니티나 포털 사이트에서도 쉽게 찾아볼 수 있다. 실패의 양상은 저마다 다르지만 공통분모는 명확하다. 철저한 사전 검증 없이 욕망에 이끌려 성급하게 계약서에 서명했다는 점이다.

이들의 뼈아픈 경험을 바탕으로 나만의 투자 체크리스트를 만든다면 불필요한 시행착오를 피할 수 있다. 이 체크리스트는 투자의 방향을 알려주는 지도가 되어줄 것이다.

만약 지금 머릿속에 거액의 수익과 장밋빛 미래를 그리고 있다면 잠시 멈춰 서자. 그리고 SNS나 유튜브에 범람하는 달콤한 성공담만 좇고 있는 것은 아닌지 자문해보자. 실패를 피하고 싶다면 진짜 성공은 화려한 이야기가 아니라 쓰라린 교훈에서 시작된다는 것을 늘 기억해야 한다.

📍 시흥 거북섬이 알려준 상가투자의 쓰라린 진실

편의점, 카페, 병원 등 상가는 우리 일상 속 어디에나 있다. 그런데 소비자로서는 이토록 친숙한 공간을 투자자의 눈으로 보는 순간 완전히 낯선 세계가 되어버린다. 그래서 초보 투자자들은 어디에 초점을 맞춰야 하는지, 어떤 위험 요소들을 경계해야 하는지 갈피를 잡지 못한다.

겉모습만 보고 투자했다가 뒤늦은 후회에 잠 못 이루는 사례는 부지기수이다. 대표적인 사례가 시흥 '거북섬'이다. 거북섬은 관광형 도시로 개발되면서 호텔, 회센터, 웨이브파크 같은 시설이 들어섰고 바닷가 노을 풍경이 아름다워 분양 당시 분위기가 뜨거웠다. 그러나 막상 도시가 완성된 뒤에 이곳을 찾는 사람은 많지 않았다. 즐길 거리가 부족했고 상가와 오피스텔만 빽빽하게 들어섰기 때문이다.

결과는 참담했다. 거북섬 상가의 공실률이 90%에 달한다는 발표가 나올 정도였다. 원인은 명백했다. 분양가가 현실과 동떨어져 있었기 때문이다. 시 외곽임에도 평당 시세가 1억 원 안팎으로 12평 상가 가격이 10억 원에 달했다. 이런 조건에서는 최소 월세 300만 원 이상을 받아야 수익성이 맞는데 유동 인구는 물론이고 거주 인구도 부족한 곳에서 그 금액을 감당할 임차인을 찾기란 하늘의 별 따기였다. 결국 상가들은 불 꺼진 채 텅 빈 상태로 남겨졌다.

투자자에게 투자 이유를 물어보면 대답은 "지인이 좋다고 해서 믿었어요.", "상가도 아파트처럼 크게 위험하지 않을 줄 알았어요." 등 비슷비슷하다.

상가는 아파트와 완전히 다르다. 유동 인구, 임대 수요, 분양가 등 여러 가지 요소가 맞아떨어져야만 한다. 이런 요소들을 면밀히 확인하지 않고 지인의 말만 믿고 사면 상가는 자산이 아니라 짐이 된다. "투자만 하면 월세가 나온다."라는 달콤한 말은 함정일 뿐이다. 결국 상가투자의 성패는 꼼꼼한 사전 검증과 냉철한 수익성 분석에 달려 있다. 이런 기본을 소홀히 한다면 공실로 방치된 상가는 언제든 내 차지가 될 수 있다.

📍 전봇대 상가 급매 전단지의 진실

거리를 걷다 보면 전봇대나 가로등에 붙어있는 '급매 상가' 전단지를 흔히 볼 수 있다. 읽어보면 대부분 월세도 높고 매매가도 합리적이라 적은 투자금으로 높은 수익을 낼 수 있다는 내용이다. 사정상 급하게 처분하는 거라며 누구보다 먼저 연락하면 좋은 조건에 살 수 있다는 내용도 빠지지 않는다. 병원이나 학원처럼 안정적인 업종의 임차인이 입주해 있다는 문구를 큼직하게 강조해 놓기도 한다.

그런 전단지를 보는 순간 '이 정도면 임대 수익도 괜찮고 너무 좋은데?'라는 생각에 휴대폰을 꺼내 사진 몇 장을 찍어두었다면 거기서 잠깐 멈춰야 한다. 이런 전단지에 마음이 끌린다면 상가투자 자체를 다시 한번 신중하게 생각해보라고 권하고 싶다. 투자라는 것은 '정보의 비대칭'을 이겨내는 싸움이다. 시장에서 말도 안 되게 좋은 조건의 매물이 있다면 과연 그 물건이 왜 내 눈에 쉽게 띄었을까? 정말 괜찮은 물건이라면 중개사무소의 단골 투자자들에게 먼저 넘어갔을 것이다.

자신이 보유한 수익 좋은 상가를 꼭 팔아야 할 상황이 생긴다면 절대 전단지를 제작해 여기저기 뿌리지 않는다. 먼저 아는 지인에게 권할 것이다. 결국 전단지를 통해 공개적으로 떠도는 급매는 시장에서 소화가 안 되거나 문제가 있을 가능성이 높다는 뜻이다.

대부분의 부동산 중개사무소는 다수의 고정 고객을 확보하고 있어 급매가 나오면 단골 고객들에게 먼저 전화를 한다. 그리고 실거래는 조용히, 빠르게 이뤄진다. 그래서 진짜 좋은 물건은 대개 우리 손

상가 급매 전단지들

에 오기도 전에 이미 거래가 끝난다. 그러니 '나만 알고 있는 기회'라는 환상은 접어두는 것이 현명하다.

강남 일대에는 몇 년 주기로 유행처럼 번지는 테마상가들이 있다. 분양형 호텔이 유행하던 시기에는 '고수익 확정 보장', '공중으로 수익 보장' 같은 문구로 뒤덮인 광고를 흔히 볼 수 있었다. 생활형 숙박시설도 말은 화려했지만 뚜껑을 열어보면 계약 조건이나 수익 구조에서 문제가 드러나는 경우가 많았다.

이런 홍보문구는 앞으로도 끊임없이 등장할 것이다. 그럴 때마다 흔들리지 않고 중심을 잡아야 한다. 진짜 위험한 것은 '고수익 확정'이라는 말에 마음이 쏠려 냉정함을 잃는 순간이다. 전단지 속 상가 급매 물건은 보기엔 그럴듯해 보여도 실제로는 시장에서 외면받은 잔여 매물일 가능성이 크다는 것을 기억하자. 감정이 흔들리는 순간, 손실은 내 몫이 된다.

2

돈이 몰리는 상가는 따로 있다

인구 감소,
위기인가 기회인가

📍 인구 감소 위기 속 반전 카드, '관광지 투자'

요즘 출산율 통계를 보면 걱정과 우려가 동시에 밀려온다. 서울과 수도권은 인구 밀도가 높은 편이라 큰 위기의식이 없지만 지방은 사정이 다르다. 부산과 대구는 물론, 강원도와 전라도 할 것 없이 전국적으로 인구가 줄고 있다. 그래서 요즘 '소멸도시'라는 말이 자주 들려온다. 이 용어는 일본에서 유래된 것으로 인구 유입 없이 고령 인구만 남게 되면 결국 도시는 기능을 상실하고 사라질 수밖에 없다는 냉혹한 예견을 담고 있다. 그렇다면 인구가 줄고 있는 지역은 정말 미래가 없는 걸까?

결코 그렇지 않다. 많은 전문가와 지자체가 소멸도시를 극복할 방법을 연구하고 있고 대안 중 하나로 '관광도시화'가 활발히 논의되고 있다. 지역 고유의 자연환경과 문화적 특색을 무기 삼아 외부 인구를 끌어들이는 전략이다. 요즘은 남녀노소 할 것 없이 여행을 즐긴다. 번잡한 서울을 벗어나 고즈넉하면서도 개성 있는 지방 도시를 찾는 수요는 꾸준히 증가하는 추세이다.

서핑과 산, 바다를 한 번에 만끽할 수 있는 양양, 영화제와 해양문화가 살아 숨 쉬는 부산은 이미 탄탄한 인기를 구축했다. '양양 한 달 살기', '부산 한 달 살기'처럼 체류형 관광이 확산되고 있고, 이제는 외국인들 사이에서도 '한국 한 달 살기'가 새로운 트렌드로 자리 잡았다.

여기에 한류 열풍이 관광도시화를 뒷받침하고 있다. 빌보드 핫 100 1위를 기록한 BTS와 아카데미 작품상과 칸영화제 황금종료상을 동시에 거머쥔 영화 〈기생충〉은 한국 문화의 위상을 증명하는 상징적인 사례이다. K-드라마, K-영화, K-팝이 세계를 흔들고 있으며 넷플릭스 같은 OTT 플랫폼의 등장으로 한국 콘텐츠는 더 이상 국내만의 것이 아니다. 한류는 앞으로도 더 많은 외국인 관광객을 불러올 것이다. 실제로 해외 관광객 수 2,000만 명 시대에 접어들었으며 서울, 부산, 제주도, 강원도 등 전국 각지에서 외국인의 발길이 꾸준히 늘고 있다.

이웃나라 일본이 바로 인구 감소 위기를 관광으로 돌파한 성공 사례이다. 일본은 우리보다 앞서 인구 감소를 겪은 국가이다. 그들은 오래전부터 자국 문화를 전파하고 관광자원으로 지역을 살리는 전략을 추진해 왔다. 그 결과 오사카·도쿄·후쿠오카·교토·삿포로 같은 대도시뿐만 아니라 작은 지방 도시까지 관광객으로 붐비고 있다.

최근 신문 기사에 "일본은 관광으로 먹고 산다."는 말까지 등장했다. 연간 3천만 명 이상의 외국인 관광객이 일본에 방문하고 있으며 관광 수입이 자동차 산업 다음으로 2위를 차지하고 있으니 틀린 말도 아니다. 문화재와 지역 특색을 활용해 만든 관광산업이 소멸도시 문제의 해법이 된 것이다.

이런 흐름에서 중요한 건 투자자의 시선이다. '소멸도시'라는 단어에 갇혀 있기보다 그 속에서 기회를 포착하는 눈이 필요하다. 관광지로 부상할 가능성이 있는 지역이라면 지금이 가장 저렴하고 가장 경쟁이 덜한 시기이다. 저평가된 꼬마빌딩 하나를 미리 선점해 둔다면 수년 후엔 적지 않은 수익을 가져다줄 수도 있다.

📍 양양과 광안리 – 조용한 바닷가 마을의 변신

관광으로 매력적인 상권이 형성된 대표 사례가 강원도 양양이다. 인구 3만 명이 채 되지 않는 평범한 군 지역이던 이곳은 2017년을 기점으로 완전히 다른 도시가 되었다. 서핑 명소인 '서피비치'와 젊은 감성이 넘치는 '양리단길'이 생기면서 전국 최고의 여름 핫플레이스로 주목받게 된 것이다.

SNS를 통해 퍼진 화려한 풍경과 분위기는 외국 휴양지를 연상시킬 만큼 강렬했고 사람들은 이곳을 '한국의 이비자'라고 부르기 시작했다. 예전에는 민박 몇 채와 조용한 바닷가 마을이 전부였지만 지금은 감성포차와 클럽이 밤 문화를 이끄는 도시가 되었다. 조그만 포구

마을에 클럽이 있다는 사실이 신기할 정도이다.

내가 양양을 직접 임장했을 때 바닷가 라인에는 매물이 거의 없었다. 생활형 숙박시설, 리조트, 꼬마빌딩 등 다양한 개발이 활발히 이뤄지고 있었고 매수 대기자도 줄을 이었다. 특히 양리단길과 그 주변으로는 평당 5천만 원대 이하의 매물을 찾기가 하늘의 별 따기였다. 이렇게 수요는 넘쳐나고 공급은 부족한 상황 속에서 호가는 계속 치솟았다.

여기에 속초까지 연결되는 KTX 공사가 한창 진행 중이다. 향후 수도권 접근성이 혁신적으로 개선되면 젊은 층의 유입은 더욱 가속화될 전망이다.

일시적으로 '퇴폐 상권' 논란이 있던 시기도 있었지만 관광객은 크게 줄지 않았다. 오히려 양양은 '자연 속 휴양지'에서 '문화와 유흥이 결합된 복합관광지'로 진화 중이며 일부 연예인들조차 이 지역 인근으로 이주하고 있을 만큼 주목받는 지역이 되고 있다.

비슷한 변화의 물결은 부산 광안리해수욕장에서도 볼 수 있다. 내가 이곳에 주목한 시점은 2019년 무렵이었다. 광리단길이 막 조성되던 시기였고 아직 전국적으로는 잘 알려지지 않은 골목형 상권이었다.

당시 경매로 나온 꼬마빌딩에 입찰하면서 이곳에 관심을 갖게 되었는데 그때만 해도 해운대가 부산의 대표 관광지였고 광안리는 '현지인들이 가는 해변'이라는 인식이 강했다. 하지만 나는 두 지역의 인기 역전 현상이 벌어질 것이라 확신했다.

안타깝게도 나는 그 물건을 낙찰받지 못했다. 그 상가는 평당

1,000만 원 초반대에 낙찰되었고 지금은 시세가 크게 상승한 상태이다. 만약 그때 낙찰받았다면 적은 투자금으로 큰 시세 차익을 거둘 수 있었을 것이다.

양양도, 광안리도 처음엔 소문난 관광지가 아니었다. 평범한 바닷가 마을이자 현지인만 아는 조용한 동네였다. 하지만 그런 지역에 먼저 발을 들인 사람들이 있었다. 그들은 앞으로 뜰 가능성이 있는 곳을 미리 읽고 투자한 사람들이다. 기회를 알아보고 분석하고 남들보다 먼저 움직인 사람이 결국 수익을 챙기게 마련이다.

쇠락하는 상권에도 기회는 있다

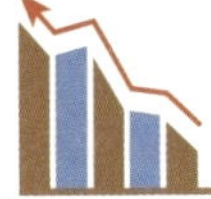

📍 모두가 외면한 군산에서 기회를 찾다

인구가 줄어들고 젊은 층이 빠져나가는 지역에 상가투자를 해도 괜찮을까? 다음 군산의 사례에서 그 답을 찾아보자.

2017년 현대중공업 군산조선소의 가동 중단과 2018년 GM대우 군산공장의 철수. 이 두 사건은 군산이라는 도시 전체를 뒤흔들었다. 1·2·3차 하청업체들이 줄줄이 문을 닫았고 군산 전체에 실업자가 넘쳐나기 시작했다. 사람들은 일자리를 찾아 군산을 떠났고 남은 이들에겐 공황과 불안만이 남았다. 가장 번화한 상권마저 공실이 넘쳐나며 "한 집 건너 한 집이 공실"이라는 말이 나올 정도로 도시 전체가 얼어붙었다.

한때 고시원, 식당, 회식 장소, 유흥업종이 북적였던 조선소 인근도 빠르게 침체되었다. 2017년만 해도 군산의 소형 상가 공실률은 1.8%에 불과했지만 몇 년 만에 27.6%까지 치솟았다.

내가 군산 상가를 조사하기 위해 처음 방문했을 때는 가장 번화했던 수송동조차 1층 공실이 즐비했다. 그러나 나는 이때 배후세대를 눈여겨봤다. 일자리는 줄어들었지만 인근에 약 5,000세대의 아파트 단지가 밀집해 있었기 때문이다.

소비는 줄어들어도 생활형 수요는 여전히 존재한다는 점은 이곳에 투자한 가장 큰 이유였다. 아파트 단지와 배후세대가 존재하는 한 수요는 사라지지 않는다. 특히 아이가 많은 지역은 병원, 학원, 편의시설 같은 생활밀착형 업종의 고정 수요가 뒷받침된다. 게다가 도시 전체가 불황일수록 사람들은 중심 상권보다는 집 근처 상권을 찾게

해당 상가 인근 약 5,000세대의 배후세대

출처: 카카오맵

마련이다.

2019년, 나는 경매를 통해 군산의 1층과 3층 상가 2개를 낙찰받았다. 대로변 1층은 감정평가액 3억 1,800만 원이었고 유찰을 거듭하여 1억 5,500만 원에 손에 넣었다. 주변 상가 수익률이 평균 4~5%였는데 이 상가는 입지와 조건이 워낙 좋아 월세 100만 원을 받으면 수익률이 낙찰가 기준으로 6%가 넘었다. 추후 수익률 5% 기준으로 매도한다면 3억 원 전후로 매도할 수 있다고 예상하였다.

3층 상가는 2억 원 정도에 낙찰받았고 보증금 2,000만 원에 월세 105만 원으로 임대계약을 체결했으며 대출을 최대한 활용해 자금 부담을 줄였다. 결과적으로 매달 52만 원의 이자를 제하고도 48만 원 가까운 임대 순수익이 남았다. 금리가 다소 오르더라도 10% 이상의 수익률을 유지할 수 있는 구조였다. 이후 금리가 하락하면 시세차

군산 3층 상가 수익 계산

항목	금액	비고
매수가(경매 낙찰가)	201,210,000원	
대출금	160,800,000원	낙찰가의 80%, 이자율 3.9%, 월 이자 522,000원
취득세 및 법무 비용	10,400,000원	낙찰가의 5%
보증금	20,000,000원	
실투자금	30,810,000원	=(낙찰가 + 취득세) – 대출 – 보증금
월세	1,000,000원	
대출 이자	522,000원	이자율 3.9%
월 임대 순수익	478,000원	
연 수익률	약 28%	$=\dfrac{(월세-이자)\times 12}{(매수금-보증금-대출금)}\times 100$

익도 노릴 수 있었다.

요즘 주식 시장에서는 대형 악재가 터지면 오히려 매수세가 붙는다. 상가투자도 마찬가지이다. 좋은 입지의 물건을 위기 시점에 저가로 매수할 수 있다면 수익률도 확보되고 시세 차익도 기대할 수 있다.

남들이 살 때 따라 사면 경쟁이 너무 치열하고 가격도 높다. 진짜 실력자는 남들이 외면할 때 분석하고 들어갈 타이밍을 잡는다. 안목과 발품, 그리고 판단력만 갖춰진다면 저평가된 좋은 상가는 언제든 당신의 것이 될 수 있다.

문화 소비가
상권을 바꾼다

📍 소비의 주체가 달라졌다

상권도 시대의 흐름과 함께 변화한다. 한때 전성기를 누리던 서울 신촌, 가로수길 등도 지금은 공실이 늘어나고 유동인구가 눈에 띄게 줄어 예전 같은 활기를 잃었다. 이렇게 1960년대부터 1990년대까지 전국을 주도했던 전통 상권들이 침체의 길을 걷는 이유는 단 하나이다. 변화에 적응하지 못했기 때문이다.

무엇보다 한국 사회의 소비를 이끄는 세대가 완전히 바뀌었다. 1990년대에는 X세대가 압구정과 홍대를 만들었다면 지금은 MZ세대가 소비 흐름의 중심이다. 해외여행과 유학이 익숙한 이들은 생존이 아닌 자기만족과 경험을 위한 소비를 중시한다.

흥미로운 점은 디지털에 익숙한 세대일수록 오히려 아날로그 감성에 끌리는 역설적인 현상이다. 수동카메라, LP, 레트로 패션, 한옥 거리 등 복고 문화와 전통 공간은 오히려 '힙'한 콘텐츠가 되었다. 이런 흐름 속에서 주목받기 시작한 상권이 익선동, 을지로, 문래동, 전주한옥마을, 경주이다. 한옥 거리와 근대문화가 살아있는 골목들은 SNS 인증과 레트로 감성으로 뜨거운 반응을 얻고 있다.

익선동은 종묘 일대로 열기가 확산되고 있고 전주한옥마을은 전동성당, 경기전과 함께 여전히 전통문화 관광의 강자로 자리 잡고 있다. 한편 경주는 이제 '수학여행지'가 아닌 카페 거리와 데이트 명소로 탈바꿈했다.

📍 문화 소비가 만드는 새로운 상권

이제는 놀거리보다 문화가 스며든 거리가 각광받는 시대이다. 전통문화의 복고 감성이 MZ세대와 외국인 관광객 모두에게 매력적으로 다가가고 있다. 따라서 종로 일대, 인사동, 북촌, 경복궁·창덕궁 라인은 앞으로도 지속적으로 문화형 상권으로 성장할 가능성이 높다. 색다른 문화 경험을 제공하는 상권이라면 작은 소형 건물 하나라도 숙박업, 체험 공간, 카페 등의 형태로 운영한다면 충분한 투자 가치를 지닌다.

문화 소비는 전통뿐만 아니라 공연과 체험으로도 확산되고 있다. 대표적인 사례가 홍대이다. 홍대는 1990년대 인디밴드와 클럽 문화를 시작으로 지금까지 젊은 음악과 퍼포먼스의 중심지로 자리 잡고

홍대의 버스킹 공연 모습

있다. 클럽데이, 버스킹, 플리마켓, 축제가 끊이지 않으며 예전 철로였던 당인리선 구간은 이제 걸그룹 퍼포먼스, 마술쇼, 클래식 공연까지 열리는 버스킹의 성지가 되었다. 한마디로 홍대는 문화가 계속해서 만들어지는 곳이자 공간 자체가 콘텐츠인 곳이다. 바로 이런 곳이 투자자 관점에서도 매력적인 입지가 된다.

또 하나 주목할 곳은 성수동이다. 이곳은 국내외 브랜드들이 신제품을 실험하거나 브랜드 정체성을 표현하는 공간으로 활용되면서 '팝업스토어의 성지'로 떠올랐다. MZ세대가 이 새로운 문화를 소비하려 몰려들며 성수는 어느새 하나의 '문화 플랫폼'이 되었다.

최근 각종 문화 축제와 이벤트가 상권 전반에 확대되고 있다. 예를 들어 맥주 축제, 거리 공연, 주말 플리마켓 등은 지역 상권을 살리고 브랜드와 소비자를 연결하는 플랫폼 역할을 하고 있다. 사람들은 이제 '보는 소비'보다 '경험하는 소비'를 선호한다. 직접 참여하고, 사진을 찍고, 남들과 공유하는 과정 자체가 소비의 일부가 된 것이다.

지금은 단순한 유동인구나 상권 크기만으로 투자 판단을 해서 안 된다. 한옥 거리, 전통 골목, 공연 거리, 팝업 라인 등 문화와 콘텐츠가 넘치는 상권에 문화 소비자가 있고, 그들의 관심이 향하는 곳이 곧 미래의 핫플이다.

돈 버는 투자는
3층에서 시작된다

📍 1층 상가, 누구나 원하지만
누구나 감당할 수 없다

요즘 부동산 시장의 가장 뜨거운 화두 중 하나는 주택 공급 부족이다. 이에 따라 전국 각지에서 신도시와 택지지구 개발이 활발하게 진행되고 있고 상가 분양도 눈에 띄게 증가하고 있다. 새롭게 태어나는 상권마다 수많은 상가들이 투자자들의 선택을 기다리고 있는데 이 중 어떤 상가를 선택해야 할까?

상가투자에 관심 있는 사람들의 공통된 특징은 좋은 상가에 자금을 맞추려는 경향이 강하다는 것이다. 내 예산에 맞는 상가를 찾기보다 눈에 띄고 매력적으로 보이는 상가를 먼저 보고 그에 맞춰 자금을 끌어모으려 한다. 특히 투자자들의 마음을 사로잡는 것은 도로와 맞닿은 1층 상가이다. 지나가는 사람들의 시선이 자연스럽게 머물어 유동 인구의 발길이 끊이지 않을 것 같기 때문이다.

1층 상가의 매력은 부인할 수 없다. 하지만 그만큼 진입 장벽도 높다. 최근에는 평당 1억 원을 넘기는 1층 상가도 많아 13평의 상가가 13억 원을 호가하는 경우도 적지 않다. 이 경우 대출을 받더라도 각종 세금까지 더하면 최소 40% 이상, 즉 5억 원 이상을 현금으로 준비해야 한다.

만약 8억 원을 대출받는다고 가정하면 연 4% 이자만 해도 연 3,200만 원, 월 약 270만 원에 달해 월세로 최소 400만 원 이상은 받아야 겨우 본전이다. 그런데 공실이 한두 달만 생겨도 이자와 관리비는 고스란히 투자자 몫이다. 결국 이런 구조에서 살아남으려면 절대 공실이 나지 않을 만큼 강력한 입지를 확보해야 한다.

그래서 나는 늘 '상가는 무조건 1층'이라는 고정관념부터 깨야 한다고 강조한다. 물론 여유 자금이 충분하고 수익이 확실히 보장된다면 1층 상가를 사는 것도 좋은 선택이다. 하지만 현실 속 대부분의 투자자들은 계산기를 두드리며 대출 이자와 씨름해야 하는 사람들이다. 이들에게 1층 상가는 위험한 선택일 수 있다.

입지를 꿰뚫어 보는 안목이 있고 상권의 흐름을 읽을 수 있는 투자자라면 답은 1층에만 있지 않다는 것을 알고 있다. 뛰어난 입지와 합리적인 가격을 겸비한 2~3층 상가라면 얼마든지 수익을 낼 수 있다. 시야를 넓히고 편견에서 벗어나는 것이야말로 성공 투자로 가는 길이다.

📍 2~3층 상가의 가격 구조를 보면 기회가 보인다

상가 전체에서 1층과 2층은 일반적으로 분양가가 가장 높다. 예를 들어 1층이 평당 1억 원이라면 2층은 4천만 원에서 5천만 원 선에 분양되며 위로 올라가면 더 저렴하다. 임대료 또한 1층이 가장 비싸고, 그다음으로는 2층이 비싸다. 이처럼 분양가와 임대료 모두 1층의 부담이 가장 크기 때문에 투자 여력이 부족한 이들에게는 진입 장벽이 높을 수밖에 없다. 또한 이러한 부담은 고스란히 임차인에게 전가되고 상권이 조금만 흔들려도 매출 하락과 공실 위험으로 이어지기 쉽다.

그렇다면 상가의 3층과 4층은 어떨까? 의외로 병의원, 한의원, 피부과, 프랜차이즈 미용실, 스터디카페처럼 안정적인 고객층을 가진 업종들이 3~4층에 자리를 잡고 있는 경우가 많다. 이들은 넓은 면적이 필요하지만 높은 임대료는 부담스러운 업종들이다. 예를 들어, 서울의 경우 1층 임대료가 평당 50만 원이라면 3층은 18만 원 선이다. 즉, 1층에서 3평을 임대할 예산으로 3층에서는 8~9평을 쓸 수 있다는 뜻이다. 공간이 생명인 업종들에게 이보다 매력적인 조건이 또 있을까?

서울 도심 상가 효용비율 및 층별 임대료

상가 층수	층별 효용비율(%)	층별 임대료(천 원/m²)
지하층	29	15
1층	100	51.7
2층	43.4	22.4
3층	35.7	18.4
4층	29.7	15.3

주로 의료 업종이 입점해 있는 송도신도시 건물들의 층별 안내판

믿기지 않는다면 지금 당장 주변을 살펴보자. 아파트 단지가 밀집된 사거리 코너 상가의 3~5층으로 눈을 돌려보면 생각보다 많은 우량 업종이 입점해 있는 것을 볼 수 있다. 단, 영구임대주택이 밀집된 지역은 상권의 성격이 다를 수 있으니 주의가 필요하다.

건물 입구의 층별 안내판을 유심히 보면 더 명확하게 알 수 있다. 위 송도신도시의 건물 안내판들을 보면 의료업종이 3~4층에 빽빽하게 포진해 있는 것을 확인할 수 있다.

📍 싸게 사서 오래 버티는 투자는 상층부에서 시작하라

특히 상가 분양 초기에는 상층부의 진입 가격이 낮아질 수 있다. 이 기회를 포착하면 더 낮은 투자금으로 투자할 수 있다. 게다가 층수가 높아질수록 분양가는 내려가지만 임대료는 일정 수준에서 유지되기 때문에 수익률은 더 높아진다. 이런 이유로 싸게 사서 오래 임대하는 전략에는 상층부 상가만큼 적합한 곳이 드물다.

초보자에게는 낯설 수 있지만 투자금이 적을수록 이런 상가야말로 현실적인 대안이 된다. 특히 최근에는 상가 관련 정보가 많아지고 시장이 세분화되면서 초보자도 다양한 투자 기회에 접근할 수 있게 되었다.

결국 핵심은 입지를 보는 안목이다. "나는 초보라 안목이 없어요."라고 말하는 사람도 많다. 하지만 안목은 타고나는 것이 아니라 훈련되고 축적되는 것이다. 이 책에 담긴 나의 실전 경험과 투자 전략들을 따라가다 보면 어느새 입지 분석의 눈이 생기고 3~5층의 가치가 다르게 보이기 시작할 것이다. 노련한 투자자는 늘 남들이 보지 않는 곳에서 수익을 만들어낸다.

3

알고 봐야 보이는

상가의 숨은 가치

움직이고
기록하라

📍 상가투자의 출발점, '기록하는 습관'

"상가투자에 성공하려면 무엇부터 시작해야 할까요?"

많은 사람들이 던지는 질문이다. 답은 의외로 단순하다. 직접 움직이고, 보고, 기록하는 습관을 들이는 것이다. 하지만 이 단순한 답을 꾸준히 실천하는 사람은 드물다. 부동산은 책상 앞에서만 공부한다고 실력이 쌓이지 않는다. 눈으로 보고, 걷고, 손으로 기록해야 진짜 내 것이 된다.

나 역시 오랜 시간 전국을 누비며 직접 발로 뛰어 경험을 쌓아왔다. 특정 지역을 주기적으로 방문해 사진을 찍고 기록을 남기면서 변화의 흐름을 관찰했다. 상권은 생물과 같아서 동일한 장소라도 시간이 지나면 업종이 바뀌고 사람의 동선이 달라진다. 그런 변화를 관찰

집창촌 폐쇄 전 건물(좌)과 집창촌 폐쇄 이후에 리모델링으로 변신한 건물(우)

하고 비교 분석하는 것이 상권 파악의 핵심이다.

기록의 방식은 다양하다. 매일 일지를 쓰거나 분석 내용을 보고서로 정리해도 좋다. 하지만 이런 방법들이 어렵게 느껴진다면 사진으로 기록을 남기는 것부터 시작해보자. 같은 장소를 일정 주기로 촬영해 나가다 보면 작은 변화도 쉽게 감지된다. 이것이 현장의 흐름을 읽는 첫걸음이다.

위 사진은 어느 집창촌의 리모델링 전후 사진이다. 두 사진을 비교해보면 업종의 변화뿐 아니라 지역 분위기까지 확연히 달라졌다는 것을 확인할 수 있다. 이런 변화는 현장에 가지 않으면 알 수 없는 정보이다.

로드뷰로도 현장을 볼 수 있다고 생각할 수 있지만 이는 어디까지나 보조 수단일 뿐이다. 촬영 시기가 제각각이고 골목이나 차량 진입이 어려운 곳은 누락되기 쉽다. 반면 직접 걸어 다니며 사진을 찍으면 그때의 분위기와 공기, 사람의 움직임까지 온전히 기억에 남는다.

📍 수만 킬로미터를 걷고, 데이터로 남기다

나는 20년 넘게 부동산 투자를 해오며 신도시, 재개발 지역, 신규 상권 등 변화하는 지역을 꾸준히 관찰해왔다. 현장을 돌아다니며 수많은 지역을 조사했고, 길이는 수만 킬로미터에 달한다.

다음 이미지는 서울 노원구를 분석하기 위해 전수조사를 하면서 걸었던 루트를 기록한 자료로 누적 거리가 500km를 넘는다.

'램블러' 앱을 활용해 동선을 기록으로 남겼는데 한 번 현장에 나서면 적게는 15km, 많게는 35km를 걷는 날도 있었다. 그렇게 수집한 방대한 자료를 바탕으로 지역의 개발 호재를 면밀히 분석하고 향후 변화가 일어날 가능성이 있는 곳을 예측했다. 변화가 시작되기 전의 지역을 미리 간파하고 시장에 앞서 투자가치를 판단해 나간 것이다.

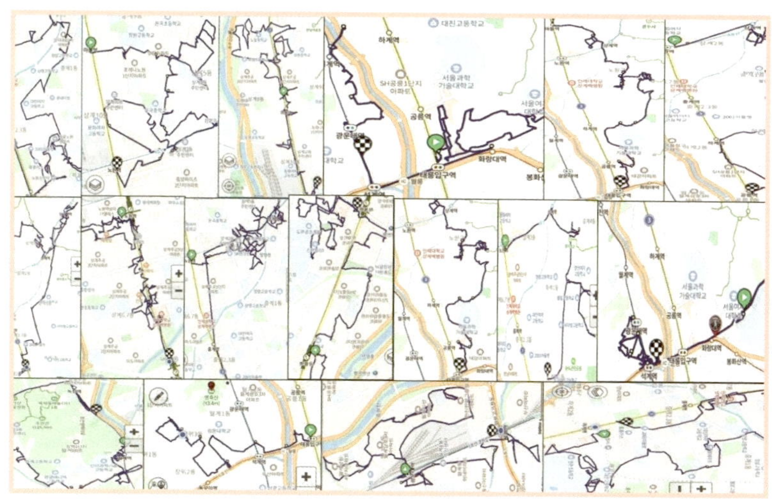

램블러 앱으로 기록한 노원구 임장 동선

📍 기록은 쌓일수록 '자산'이 된다

사진을 찍고 걷는 것만으로도 공부가 되지만 그것을 오랜 시간 반복하면 방대한 자료가 축적된다. 이 자료는 시간이 지나면서 상권의 트렌드와 흐름을 파악할 수 있는 소중한 자산이 된다.

예를 들어 어느 시점에 어떤 업종이 사라지고 새롭게 생겨났는지, 유동 인구는 어떻게 바뀌었는지 등을 분석할 수 있게 된다. 상권의 성장과 쇠퇴는 우연히 일어나는 일이 아니다. 기록된 현장의 흐름 속에서 일정한 패턴과 조짐이 포착된다.

중요한 것은 임장과 기록을 꾸준히 병행하는 것이다. 여름이든 겨울이든, 비가 오든 눈이 오든, 기온이 영하로 떨어져도 현장을 걷고 기록해야 한다. 이런 습관을 최소 6개월만 유지해보면 어느 순간부터 자신도 모르게 투자 감각이 생겨나는 것을 느낄 수 있을 것이다.

꼭 분석 보고서를 쓰지 않아도 된다. 단지 지역을 둘러보고 그 과정을 사진이나 메모 등으로 기록해 나가는 것만으로도 충분하다. 이 기록이 쌓이고 시간이 흐르면 그 모든 경험은 자연스럽게 당신의 실력으로 돌아오게 된다.

초간단 수익률 계산법

📍 어디서든 간편하게 활용할 수 있는 수익률 계산법

$$\text{상가 수익률} = \frac{\text{월세} \times 12 - \text{대출이자}}{\text{매매가} - \text{보증금}}$$

투자에서 가장 중요한 것은 '수익률'이다. 매입할 때도, 매도할 때도 반드시 수익률을 체크해야 한다. 그런데 수익률 계산 공식은 분수 형태라 계산기 없이 현장에서 암산하기가 쉽지 않다. 그래서 사전 준비 없이 현장에서 물건을 소개받은 상황에서는 수익률을 즉시 판단하기 어렵다.

게다가 상가 매입 시에는 대부분 대출을 활용하는 경우가 많다. 투자금이 넉넉하다면 대출 없이도 가능하지만 현실적으로는 대출을 활용해 매수하는 경우가 일반적이다. 문제는 바로 이 지점에서 시작된다. 대출을 많이 받을수록 실제 내 자금은 적게 들어가고 그만큼 수익률은 과도하게 높아 보인다. 언뜻 보면 아주 매력적으로 보일 수 있다. 실제 투입 자금도 적게 들어가고 수익률도 높다니 말이다. 그러나 이는 착시 현상이다.

그래서 초보자라면 '대출금'과 '보증금'을 제외한 순수한 자금만을 기준으로 수익률을 따져볼 것을 권한다. 대출 조건과 금리는 사람마다 다르고 수익률 계산에 큰 영향을 주기 때문이다. 또한 다양한 경우의 수를 계산하기도 번거롭다.

그래서 나는 간단한 암산법을 활용한다. 이 계산법은 아주 간단하다. 보통 상가 수익률의 기준은 연 3% 중반대이다. 금리가 낮을 때도 대출 이자는 연 3%대 중반이 일반적이기 때문에 상가 임대 수익도 이 수준을 넘겨야 의미가 있다. 그래서 만든 것이 '×30 법칙'이다. 연 3% 중반대 이상의 수익률을 기대할 수 있는 상가의 경우 이 법칙을 대입하면 된다. 차근차근 알아보자.

상가 매매가격의 억 단위 숫자에 30을 곱하면 월세 기준선을 구할 수 있다. 예를 들어, 매매가가 5억 원인 상가라면 '5(억) × 30 = 150'이 된다. 이는 월세가 최소 150만 원은 되어야 수익률이 3~4% 정도된다는 뜻이다. 이 정도면 은행 이자보다는 나은 수익이고 상가 투자자 입장에서도 기본 조건을 충족한 셈이다.

여기에 보증금은 굳이 포함할 필요 없다. 보증금을 더하면 수익률은 올라가겠지만 실전에서는 소수점 단위까지 정밀하게 따지는 것보다 감각적인 판단이 더 중요하다. 복잡한 계산식은 이론상으로는 정확하지만 현장에서는 오히려 혼란만 가중시킨다. 현장에서 암산으로 수익률을 판단하고 월세가 현실적인 수준인지 감각적으로 판단할 수 있어야 한다.

단, 요즘처럼 금리가 4~5%대로 올라간 상황에서는 상가 임대 수익률도 그에 맞춰 올라가야 한다. 이럴 때는 '×40 법칙'을 활용하면 된다. 예를 들어, 매매가 5억 원의 상가를 봤다면 '5(억) × 40 = 200'이므로 월세가 200만 원은 되어야 수익률 5% 수준이 된다고 예상할 수 있다. 간단한 방법이지만 실제 분수식을 적용해도 거의 이와 유사한 수익률이 나온다.

📍 입지가 좋다고 수익률을 무시해서는 안 된다

실전에서도 많은 투자자들이 금리 수준을 기준으로 수익률을 가늠하며 매매를 결정한다. 금리가 높으면 수익률이 낮은 상가는 외면받고 수익률이 높은 상가에만 수요가 몰린다. 결국 수익률이 5% 안팎이 되어야 매수자도 나타난다.

물론 예외는 있다. 강남, 홍대, 성수, 용산처럼 워낙 인기 많은 지역은 수익률이 다소 낮아도 거래가 이루어지는 경우가 있다. 하지만 그렇다고 안심해선 안 된다. 이들 지역에서도 무리하게 대출을 끼고 매수한 투자자들이 적지 않다. 실제로 임대 수익보다 이자 부담이 더 커져 손해를 보며 매도하는 사례가 빈번하다.

그래서 나는 어떤 지역이든 '수익형 부동산에서 적자 투자는 절대

금물'이라는 기준을 강조한다. 기본 원칙은 분명하다. 은행 이자보다 높은 수익이 나야 매도도 수월하다. 이 조건을 충족하지 못한다면 결국 매물은 시장에서 외면받는다.

그런데 지금 수익률이 몇 퍼센트인지보다 더 중요한 것이 있다. 앞으로 월세를 더 받을 수 있느냐, 즉 임대수익이 오를 수 있느냐이다. 임차인의 업종이나 경제 상황에 따라 월세는 언제든 변할 수 있다. 처음 계약 때는 괜찮아 보여도 업종이 인기가 없어지거나 소비심리가 얼어붙으면 월세는 내려갈 수밖에 없다. 결국 핵심은 앞으로 이 상가의 임대수익이 개선될 여지가 있느냐이다. 그 가능성이 진짜 수익률이고 실질적인 투자 판단의 기준이 된다.

강남 건물주의 상징성,
그 뒤에 숨겨진 적자 구조

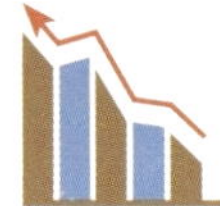

📍 매매가는 가파르게 오르는데
왜 수익률이 안 오를까?

지난 16~17년간 상가 매매가는 눈에 띄게 급등했다. 부동산 시장이 활황을 보이자 상가투자에도 수요가 몰렸고, 그 결과 "오늘이 제일 싸다."는 말이 실감 날 정도로 가격이 오르기 시작했다. 예전에는 평당 5천만 원이던 상가가 지금은 1억 원은 기본이고 인기 지역은 평당 2억 원을 넘기도 한다. 웬만한 대도시 상권은 이미 평당 억대 가격대를 형성하고 있다.

가격이 오르면 투자금도 그만큼 많이 들어가고 당연히 수익도 그에 비례해야 한다. 1억 원 투자에 월 100만 원 수익이면 10억 투자에는 월 1,000만 원이 나와야 한다는 논리가 맞다. 문제는 가격만 올랐다는 점이다. 상가 매매가가 3배 올랐다면 월세도 3배는 올라야 수익률이 유지된다. 최소한 2배는 올라야 한다. 그러나 현실에서는 그렇게 될 수 없다. 월세는 단기간에 급격하게 올릴 수 없기 때문이다.

첫째 이유는 상가임대차보호법 때문이다. 예전에는 제한 없이 마음껏 인상할 수 있었고 제한 인상률이 9%였던 시절도 있었지만 현재는 연간 임대료 인상률이 5% 이내로 제한돼 있다.

둘째 이유는 시장 경쟁이다. 매매가가 올랐다고 주변 시세보다 월세를 과도하게 올리면 공실이 발생할 가능성이 커진다. 상가에서 장기 공실은 가장 치명적인 리스크이다.

결국, 매매가는 치솟았지만 월세는 제자리에 머물면서 수익률은 뚝 떨어지게 된다. 심한 경우에는 월세보다 이자 부담이 더 큰 상황, 즉 마이너스 수익률로 이어지기도 한다.

📍 고소득자들의 적자 투자, 일반 투자자에게는 독이 된다

그럼에도 불구하고 이런 고가의 상가들이 거래되고 있는 이유는 무엇일까? 바로 강남에 상가를 소유했다는 사실 자체의 상징성 때문이다. 고소득 전문직 종사자나 자산 여유가 있는 이들은 당장의 임대 수익보다는 입지의 희소성과 장기적인 자산 가치 상승에 더 큰 의미를 둔다. 그래서 월세보다 이자가 더 나가는 적자 구조를 감수하고서라도 매입을 결정하는 경우가 많다.

예컨대, 강남권역에 현재 나와 있는 상가 매물 중에서는 이자 비용이 월세보다 최소 100만 원에서 최대 500만 원 이상 많고, 큰 건물은 매달 건물주가 1,000만 원 이상을 보태야 유지되는 매물도 있다. 이런 매물은 대부분 매도자가 수익을 남기기 위해 가격을 크게 올려서 내놓은 것이며 임대 수익률은 마이너스이다.

모든 사람이 강남에 입성하는 것을 '명예'로 여기며 투자할 수는 없다. 투자금 여유가 부족한 일반 투자자에게 적자 투자는 치명적일 수 있다. 매달 손해를 감수해야 하고 수익률을 개선하지 못한 채 다시 매도하려고 하면 마이너스에 마이너스를 더하게 되는 구조가 된다.

현실적으로 월세를 크게 올릴 수 없고 이자 부담은 계속된다면 이 투자에서 벗어나는 것도 쉽지 않다. 결국 매도조차 어려워지고 손해를 감수한 채 탈출하게 될 수도 있는 것이다. 다시 한번 강조하지만 적자 수익률의 상가투자는 투자금이 넉넉하지 않은 사람에게는 절대 권장되지 않는 전략이다.

상가투자의 핵심,
동선을 읽어라

📍 일반 부동산과는 다른 상가의 언어

상가투자에 처음 발을 들이는 사람 대부분은 막막함을 느낀다. 부동산 강의를 몇 번 들어본 사람조차도 막상 상가투자 단계로 접어들면 당황하곤 한다. 아파트나 오피스텔처럼 조금만 배우면 할 수 있겠지 싶은 마음으로 상가투자 강의를 듣기 시작하지만 수업이 진행될수록 상가는 일반 주거형 부동산과는 전혀 다르다는 것을 알게 되기 때문이다.

공통적으로 어려워하는 지점은 바로 낯선 용어이다. '가시성', '접근성', '동선', '배후 조건' 같은 용어들이 대표적이다. 얼핏 알 것 같지만 막상 설명을 들으면 헷갈리기 쉽다. 예를 들어 '가시성'은 그저 잘 보이면 좋은 것 아닌가 싶지만 상가에 대해 공부하다 보면 "무조건 잘 보인다고 좋은 건 아니다."라는 말을 듣게 된다. 조건마다, 맥락마다 다르게 해석되는 것이 상가 용어의 세계이다.

서울의 장안동이나 중곡동의 가구거리를 떠올려보자. 넓은 도로변에 자리 잡고 있어 가시성은 완벽하다. 하지만 이런 곳은 상가의 가치가 높지 않다. 가구점 같은 판매업종이나 자동차 정비점은 대형 매장이 필요하기 때문에 높은 월세를 내면서 장사하기가 어렵기도 하다. 논현 가구거리도 오랜 시간 상당한 부침이 있었고 지금은 외국의 명품브랜드 가구를 판매하는 곳으로 분위기를 만들어 가고 있다. 결국 어디서나 잘 보이는 넓은 도로변이라고 해서 상가의 가치가 높다고 단정할 수는 없다.

📍 동선을 모르면 상가를 볼 수 없다

상가투자에는 입지, 접근성, 수익률 등 중요한 개념이 많지만 그 모든 것을 제쳐두고 하나만 고르라면 나는 주저 없이 동선을 꼽는다. 상가는 사람이 있어야 유지되는 부동산이기 때문이다. 사람이 다니고 소비가 일어나야 매출이 발생하며, 그래야 임대도 유지되고 가치도 오른다. 다시 말해, 상가는 사람의 발걸음 위에 세워지는 투자이다.

동선이 좋으면 가시성이나 접근성이 조금 부족해도 극복할 수 있다. 하지만 동선이 나쁜 곳은 다른 조건이 아무리 좋아도 힘을 쓰기 어렵다.

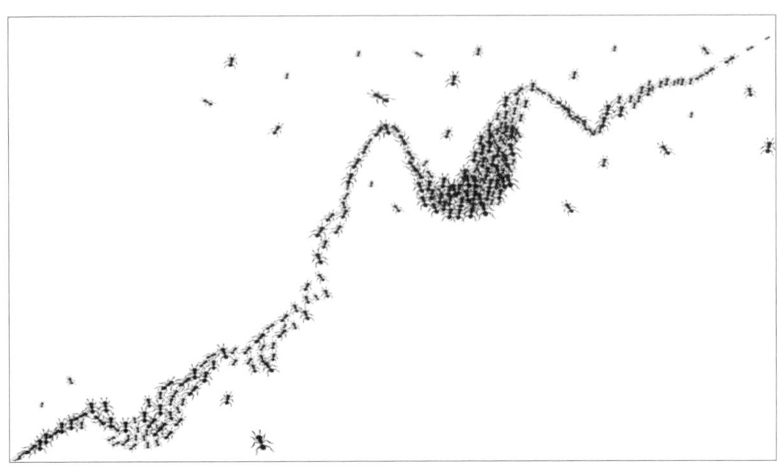

'동선'은 개미들이 움직이며 모이는 길, 움직이는 길, 흩어지는 길을 생각하면 금방 이해할 수 있다.

'동선'이란 말이 어렵게 느껴진다면 어릴 적 관찰했던 개미들의 움직임을 떠올려보면 된다. 개미가 무리 지어 다니는 길은 한눈에도 잘 보인다. 상가 동선을 파악하는 일도 똑같다. 많은 사람이 모이는 길, 움직이는 길, 흩어지는 길을 찾아내는 것이 핵심이다.

사람이 다니는 길목과 그렇지 않은 곳은 불과 몇 미터 차이로도 극명하게 갈린다. 다음 사진은 2024년 2월 8일 오후 명동의 모습이다. 같은 시간, 인접한 골목 두 곳을 비교한 사진인데 한 골목은 인파로 북적이지만 바로 옆 골목은 인적이 드물다. 불과 몇 걸음 차이인데도 분위기가 완전히 다른 것을 한눈에 확인할 수 있다.

사람이 많이 다니는 골목은 매출, 권리금, 월세, 심지어 매매가까지 다르게 움직인다. 공실이 생기더라도 금세 채워지고 가격도 빠르게 회복된다. 이처럼 유동 인구가 많은 골목은 '살아 있는 길'이다. 반면 사람이 뜸한 곳은 아무리 입지가 좋아 보여도 장사가 안 되고 임

명동에서 가장 사람이 많이 다니는 거리(좌)와 사람의 통행이 거의 없는 바로 옆 골목(우)

차인도 안 들어오며 시간이 갈수록 활기를 잃는다.

코로나 시기를 통해 우리는 사람의 발길이 끊긴 거리에서 상가가 어떻게 공실로 바뀌고, 상권 자체가 죽어가는지를 똑똑히 목격했다. 그러나 동선이 좋은 거리는 빠르게 상권이 되살아났다.

결국 성공적인 상가투자는 좋은 동선 위에 있는 상가를 고르는 것에서 시작된다. 지금 공실이라도 동선만 살아 있다면 그 상가는 언젠가 반드시 다시 살아난다. 이것이 바로 상가투자의 핵심이다. 동선이 살아있으면 상권은 살아나고 사람이 끊기면 상가는 죽는다. 그만큼 동선은 단순한 부동산 조건이 아니라 상가의 생존과 직결되는 절대 기준이다.

동선을 이해하는 순간 상가투자에서 가장 중요한 눈을 갖게 될 것이다. 실패하지 않으려면 반드시 사람이 다니는 길목에 노출된 상가를 골라야 한다. 지금 당장 공실이라도 동선만 좋다면 시간이 지나며 매매가는 자연스럽게 오르고 상가는 제 가치를 회복한다.

📍 동선, 지도로는 절대 다 보이지 않는다

초보 투자자 입장에서는 '동선'이라는 단어조차 막연하고 어렵게 느껴질 수 있다. 이럴 때는 딱 3가지만 기억하면 된다. 사람들이 모이는 길과 흐르는 길, 모였던 사람들이 흩어지는 길, 이 3가지만 정확히 찾아낼 수 있어도 동선 분석의 절반은 끝났다고 볼 수 있다. 그런데 여기서 1가지 더 중요한 포인트가 있다. 바로 '지도로는 절대 알 수 없는 동선'이다.

요즘은 항공뷰, 로드뷰, 스트리트맵 등 다양한 지도 서비스를 활용해 상권을 분석하는 것이 일반적이다. 나 역시 늘 그렇게 시작한다. 지도에서 구도를 확인하고 동선을 예측한다. 하지만 이런 비대면 방식만으로는 놓치지 말아야 할 중요한 사실들을 간과하게 된다. 지도에는 안 나오는 길이나 안 보이는 흐름이 분명히 존재하기 때문이다.

도로변에서 아파트 단지로 이어지는 상가 옆 골목의 가운데 화단이 있어 동선이 갈라지는 모습

앞의 사진을 보면, 아파트 단지로 이어지는 상가 옆 골목길의 가운데 화단이 놓여 있어 동선이 두 갈래로 갈라진다. 지도로 보면 두 길이 모두 비슷해 보이지만 실제로 현장에 가서 보면 사람들이 왼쪽 길로 더 많이 다니고 오른쪽 길은 거의 통행이 없다. 문제는 상가가 오른쪽 길가에 붙어있다는 점이다. 이처럼 겉으로 보면 상가는 큰길과 접해 있고 가시성도 좋아 보이지만 현장에 가보면 유동 인구가 거의 없어 실속 없는 상가일 수 있다.

나는 수많은 현장을 다니며 상가의 가치는 직접 봐야만 판단할 수 있다는 것을 절감했다. 분양사무소나 중개사무소에서는 늘 이렇게 말한다.

"주변에 아파트 많아요."

"배후에 오피스 상권이 탄탄해요."

"여기로 사람들이 많이 다녀요."

하지만 이런 말만 믿고 덜컥 계약하는 건 위험하다. 그 상가 앞으로 실제로 얼마나 많은 사람들이 지나가는지 직접 확인하지 않으면 절대 알 수 없다. 특히 상가 앞에 주차장, 화단, 울타리, 경사로, 조경시설 같은 물리적 장애물이 있는 경우에는 동선이 왜곡되거나 끊기기 십상이다. 이런 변수들은 현장에서 직접 눈으로 확인하지 않으면 놓치기 쉽다.

📍 강남역 11번과 2번 출구의 극명한 차이

　사람들의 동선을 가장 극명하게 알 수 있는 곳이 바로 강남역이다. 금요일 저녁 7시 40분, 가장 유동 인구가 많을 시간대에 강남역 개찰구를 통과해보면 사람들의 흐름이 뚜렷하게 갈린다. 개찰구를 나서면 왼쪽은 11번 출구, 오른쪽은 2번 출구로 연결되는데 두 출구의 풍경은 극과 극이다. 11번 출구 앞은 북적이고 무리가 형성되어 발 디딜 틈이 없다. 약속을 기다리거나 출구에서 쏟아져 나오는 사람들로 활력이 넘치는 풍경이다. 반면 같은 시각 2번 출구 앞은 "정말 여기가 강남역 맞아?" 싶을 정도로 한산하고 조용하다.

　이 차이는 그대로 상권 분위기로 직결된다. 11번 출구 쪽은 강남을 대표하는 활기찬 메인 상권이지만 2번 출구는 상대적으로 유동 인구가 적고 상권의 생동감도 크게 떨어진다. 이처럼 동선 하나가 상권의 성패를 가르는 요인이 될 수 있다.

　많은 초보 투자자들이 동선 분석을 어렵게 생각하지만 사실 현장에 나가면 금방 감이 온다. 어디에 사람들이 몰리고, 어디로 흐르고,

금요일 저녁 7시 40분경 강남역 11번 출구(좌)와 2번 출구(우)

어디서 끊기는지는 5분만 걸어봐도 직감적으로 느낄 수 있다. 지도 상으로는 같은 너비의 도로처럼 보이지만 실제 유동 인구는 10배 넘게 차이 나기도 한다. 따라서 어떤 길로 사람들이 모이고, 어느 지점에서 줄어드는지를 현장에서 체감하는 것이 중요하다.

상가투자에서 실수하지 않으려면 딱 하나만 기억하면 된다. '사람이 가는 길에 상가가 있어야 한다.'는 것이다. 지도는 그 출발점일 뿐, 마지막은 현장에서 직접 걷고, 보고, 확인해야 한다.

'어떤 길로 더 많이 다니는가?', '출입구 앞의 동선은 막히지 않았는가?', '상가 앞에서 사람들이 멈추는가, 그냥 지나치는가?' 이런 질문들의 답이 결국 장사의 성패를 결정한다. 실패 없는 상가투자를 원한다면 동선을 확인하고 또 확인하자.

건널목 효과에 주목하라

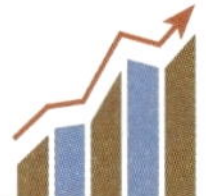

📍 도로와 상권의 상관관계

경제가 성장하며 자가용 보급은 보편화되었고 그에 따라 도로망도 확장되었다. 그런데 도로는 자동차만을 위한 공간이 아니다. 상가의 가치를 평가할 때 도로를 접하고 있는지 여부는 수억 원의 차이를 만드는 결정적 요소이며 사람들이 많이 지나다니는 도로변에 위치한 상가는 프리미엄이 붙는다. 이처럼 도로는 상가의 접근성과 가시성을 결정짓는 인프라이며 결국 매출에도 직결되는 핵심 요인이다.

그러나 모든 도로가 상가에 이익을 주는 건 아니다. 상가 앞에 도로가 있다는 이유만으로 가치가 올라간다고 착각해서는 안 된다. 특히 차량 통행량이 많고, 시속 60km 이상의 고속 주행이 가능한 넓은 도로는 사람이 머무르는 곳이 아니라 그냥 지나가는 길이다. 주정차

단속으로 고객의 유입이 끊기고 매출에도 영향을 미친다. 이 때문에 "도로가 넓으면 상권이 흐른다."라는 말이 나오는 것이다. 차들이 빠르게 지나가기만 할 뿐, 발길을 멈출 수 있는 상권이 되지 못한다는 뜻이다.

반면 신호라는 장치를 통해 차량과 보행자의 흐름을 멈추게 하고 길을 연결하는 건널목은 상가의 입지를 바꾸는 역할을 한다. 과거에는 차량 흐름을 우선시한 정책 탓에 육교가 주를 이루어 사거리에도 횡단보다는 육교가 설치되었다. 보행자보다 자동차가 중심이었던 시대였다. 하지만 최근 도시 정책은 사람 중심으로 전환되며 육교를 철거하고 건널목을 신설하는 방향으로 바뀌었다. 특히 예전엔 도로법상 200m 간격으로만 설치가 가능하던 건널목이 이제는 100m 간격으로도 가능해졌다.

📍 건널목이 만든 대박 입지

상가 앞에 없던 건널목이 생기면 어떻게 될까? 단숨에 유동인구가 증가하고 신호 대기 시간 동안 사람들이 머무르는 시간이 길어지며 상권에 활력이 돌게 된다.

최근 강남역 사례만 봐도 분명하다. 과거에는 카카오와 라인숍 앞으로만 건널목이 있어 역 출구에서 건너편으로 이동하려면 한참을 돌아야 했다. 그런데 강남역 10번과 11번 출구 사이에 새 건널목이 생기면서 사람들의 동선이 완전히 바뀌었다. 많은 이들이 이곳을 이

2024년 봄, 강남대로에 새로 개설된 건널목

용하기 시작했고, 자연스럽게 상권의 가치가 상승했다. 실제로 건널목 앞에는 팝업스토어가 연이어 입점하며 활기를 더하고 있다. 김포신도시, 배곧신도시 등 계획도시에서도 기존 육교를 철거하고 건널목을 새로 만든 사례가 많으며 그로 인해 상가 가치가 급등한 경우도 적지 않다.

상가 주변에 단절 요인이 있다면 가만히 있지 말고 개선을 시도해야 한다. 내 상가 앞에 건널목이 없다면 주변 거리를 측정해보고 조건이 맞는지 살펴보자. 조건이 충족된다면 주변 상인들과 함께 서명을 모아 관할 행정기관에 건널목 설치 민원을 넣는 것도 좋은 방법이다. 결국 내 상가의 가치는 내가 만드는 것이다. 주변을 세심하게 살펴 개선할 수 있는 요소를 적극적으로 바꾸는 것은 상가 투자자의 기본 태도이다.

건물의 호적,
건축물대장 활용하기

📍 육안으로는 절대 알 수 없는 건물의 '용도'

외관상 완전히 다른 인상을 주는 다음 두 건물을 살펴보자. 왼쪽은 전형적인 노후 다가구·다세대 주택의 모습이고, 오른쪽은 깔끔하고 현대적이지만 어딘지 주거용 건물을 상업 시설로 개조한 듯한 느낌

연남동의 과거 건물(좌)과 같은 자리에 새로 지어진 상가건물(우)의 모습

을 준다.

사실 왼쪽 사진은 과거 다가구 주택의 모습이고 이를 철거한 후 새롭게 건축한 것이 오른쪽 건물이다. 그런데 신축 당시부터 상가건물로 설계되었음에도 의도적으로 주거형 건물과 유사한 외관을 갖도록 디자인되었다. 이는 최근 건축 트렌드를 반영한 디자인으로 주거지와 상업지의 경계에 있는 지역에서 흔히 볼 수 있는 형태이다.

외관만 보고 '이건 주거용이다.', '저건 상가다.'라고 단정하는 것은 매우 위험하다. 건물의 정확한 용도는 눈으로 보아서는 정확히 알 수 없다. 상가 초보자들은 이런 상황에서 "등기부등본(등기사항증명서)을 보면 되지 않나요?"라고 묻는다. 물론 등기사항증명서를 보면 어느 정도의 정보는 얻을 수 있다. 그러나 이는 건물의 '소유 관계'를 파악할 때 유용하지 '용도'를 정확히 확인하기에는 한계가 있다.

유의해야 할 점은 하나의 건물이라도 등기사항증명서에 기재된 용도와 실제 용도가 상이할 수 있다는 것이다. 등기상으로는 '근린생활시설'로 표기되어 있지만 실제로는 '주택'으로 활용되는 경우가 대표적이다. 이럴 때 무엇을 기준으로 확인해야 할까? 바로 '건축물대장'이 그 답이다.

등기사항증명서는 소유권, 저당권, 가압류, 지분 관계 등을 확인하는 문서이다. 한마디로 '누구의 소유인가'를 밝히는 데 초점이 맞춰져 있다. 반면 건축물대장은 전혀 다른 성격을 갖는다. 건축법에 근거해 건물의 구조, 층수, 연면적, 층별 주요 용도 등 건축물에 관한 실제 정보를 상세히 담고 있다. 따라서 상가투자를 검토할 때 가장 먼저 확인해야 할 서류는 등기사항증명서가 아닌 건축물대장이다.

등기사항증명서와 건축물대장의 목적

종 류	목 적
등기사항증명서	건물의 소유주 확인
건축물대장	건물의 용도와 건물 정보 확인

건축물대장은 정보의 보고寶庫이다

건물에도 '호적'이 있다

사람이 태어나면 가장 먼저 하는 일이 출생신고이다. 국가에 존재를 처음 알리는 이 절차를 통해 우리는 호적과 주민등록번호를 얻게 되고 그 순간부터 대한민국 국민으로 살아가게 된다. 상가도 마찬가지이다. 새롭게 지어진 신축 상가나 용도변경을 통해 상가로 탄생한 건물의 경우, 행정당국에 신고를 하면 '건축물대장'이라는 일종의 건물의 호적이 만들어진다.

건축물대장에는 건물의 구조, 면적, 층수, 주차 대수, 정화조 유무, 용도 등 다양한 정보가 기재되어 있다. 이 문서는 상가의 정체성을 정의하고, 용도에 따라 어떤 업종이 입점 가능한지, 향후 문제가 생길 여지가 있는지까지 확인할 수 있는 공적 문서이다.

주거용 부동산에서는 등기사항증명서를 가장 중요하게 본다. 소유권, 근저당, 가압류 등 법적 관계를 파악해야 하기 때문이다. 하지만 상가투자의 세계에서는 상가에서 단 하나의 서류만 챙기라고 한다면 그건 단연 '건축물대장'이다.

이유는 간단하다. 건축물대장에는 그 건물이 어떤 용도로 등록되어 있고, 현재 어떤 업종을 수용할 수 있으며 시설 기준은 충족하고 있는지, 위반 사항은 없는지가 모두 기록되어 있기 때문이다.

예를 들어, A라는 상가건물이 겉보기에 멀쩡해 보여도 건축물대장에 '위반건축물'로 등록되어 있다면 이미 행정당국으로부터 위법 상태임을 공식적으로 통보받은 상태라는 의미다. 이 경우 해당 위반 사항이 시정되지 않으면 이행강제금이 부과될 수 있고 임대차 계약이나 매매 시 심각한 리스크로 작용한다.

건축물대장에 적힌 용도는 '업종 허용 여부'를 결정한다

상가는 외관만 보고 판단할 수 없다. 학원, 병원, 음식점, 고시원, 커피숍 등 업종마다 법적으로 요구하는 건축 요건이 다르기 때문이다.

예를 들어 입원실이 포함된 정형외과를 입점시키려 한다면 복도 폭, 엘리베이터 크기, 환기 시설 등 병상 이동이 가능한 구조를 갖추고 있어야 한다. 300평이 넘는 공실이 있어도 병원에 필요한 관련 법의 시설 기준이 충족되지 않으면 병원 입점은 불가능하다. 이는 단순한 '공간'의 문제가 아니라 시설 기준 충족 여부와 행정상 용도 등록 여부의 문제이다.

건축물대장에는 건물 신축 당시부터 신고된 상가 용도와 그에 맞는 시설 기준이 반영되어 있다. 만약 현재와 다른 용도(업종)로 사용하려면 그 업종에 맞는 용도로 변경 신청을 하고 건축물대장에 그 결

위반건축물이 표시된 건축물대장

■ 건축물대장의 기재 및 관리 등에 관한 규칙 [별지 제1호서식](개정 2018. 12. 4.)

일반건축물대장(갑) 　위반건축물

(2쪽 중 제1쪽)

고유번호				명칭		호수/가구수/세대수 0호/10가구/0세대
대지위치			지번	도로명주소		
※대지면적 265.6 ㎡	연면적 494.69 ㎡		※지역 제2종일반주거지역	※지구		※구역
건축면적 158.12 ㎡	용적률 산정용 연면적 494.69 ㎡		주구조 철근콘크리트구조	주용도 다가구주택(10가구),제2종근린생활시설		층수 지하: 층, 지상: 5층
※건폐율 59.53 %	※용적률 186.25 %		높이 14.92 m	지붕 (철근)콘크리트		부속건축물 동 ㎡
※조경면적 ㎡	※공개 공지·공간 면적 ㎡		※건축선 후퇴면적 ㎡	※건축선후퇴 거리 m		

건축물 현황					소유자 현황			
구분	층별	구조	용도	면적(㎡)	성명(명칭) 주민(법인)등록번호 (부동산등기용등록번호)	주소	소유권 지분	변동일 변동원인
주1	1층	철근콘크리트구조	계단실	18.44			1/1	2018.4.27. 소유권보존
주1	2층	철근콘크리트구조	다가구주택(4가구)	141.32				
주1	3층	철근콘크리트구조	다가구주택(4가구)	141.32		- 이하여백 -		
주1	4층	철근콘크리트구조	다가구주택(2가구)	93.11		※ 이 건축물대장은 현소유자만 표시한 것입니다.		

이 등(초)본은 건축물대장의 원본내용과 틀림없음을 증명합니다.

과가 반영되어야 합법적 사용이 가능하다.

그런데 고의든 실수든 이 과정을 누락하면 건축물대장에 '위반건축물'이라는 경고 문구가 큼지막하게 표시된다. 위반 사항을 지속적으로 방치할 경우 이행강제금이 부과되며 위반건축물 표시는 향후 세입자 유치, 매매, 경·공매 등 모든 거래에서 치명적인 걸림돌이 된다.

건축물대장은 건물의 현재 상태뿐 아니라 과거의 변동 내역과 위반 사항까지 투명하게 보여주는 문서이다. 따라서 이 서류를 제대로 해석할 수 있다면 상가의 법적 리스크를 대부분 피할 수 있다.

누구나 쉽게 확인할 수 있다

건축물대장은 결코 복잡한 문서가 아니다. 몇 가지 핵심 항목만 알면 누구나 활용할 수 있는 상가 분석의 필수 도구이다. 발급 방법도 간단하다. 관할 행정관청을 직접 방문해 출력할 수 있고, 온라인으로는 '정부24(www.gov.kr)', '세움터(www.eais.go.kr)' 등 공공사이트를 통해 손쉽게 열람·출력할 수 있다.

온라인으로 간편하게 건축물대장을 발급받을 수 있는 정부24와 세움터

이제부터라도 등기사항증명서뿐 아니라 건축물대장을 반드시 함께 확인하자. 건축물대장을 이해하지 못하고 상가를 매수하거나 경매에 참여했다가 낭패를 본 사례는 흔하게 볼 수 있다.

건축물대장으로 상가 종류 구분하기

상가라고 해서 다 같은 상가가 아니다. 단독 건물로 된 상가도 있고, 여러 점포가 모여 있는 상가도 있다. 특히 분양을 고려 중이라면 해당 상가의 구조적 구분을 반드시 알고 있어야 한다. 분양사무소에서 상담받을 때 이런 기초 지식을 알고 있는 것만으로도 손해 볼 일이 줄어든다.

상가의 구조는 크게 '일반상가'와 '구분상가'로 나뉜다. 건축물대장을 발급받을 때도 이 구분에 따라 '일반건축물대장'과 '집합건축물대장' 중 하나를 선택해야 한다. 두 서류는 정보 구성 방식부터 다르기 때문에 먼저 상가의 형태를 이해하는 것이 중요하다.

1. 일반상가: 한 사람이 소유한 하나의 건물

일반상가는 보통 1인이 건물 전체를 소유한 형태를 말한다. 단독상가, 통상가, 꼬마빌딩 등 다양한 이름으로 불리지만 모두 같은 개념이다. 1층부터 꼭대기층까지 모두 한 명이 갖고 있고, 임차업종에 따라 층별로 공간을 나누어 임대한다. 건축물대장은 '일반건축물대장'으로 발급받으며 표제부나 전유부 같은 세부 구분 없이 건물 전체 정보가 하나의 문서에 통합되어 있다.

일반상가의 '일반건축물대장'

일반건축물대장(갑)

(2쪽 중 제1쪽)

건물ID		고유번호		명칭		호수/가구수/세대수 0.호/1가구/0세대
대지위치			지번		도로명주소	

※대지면적 200.9 ㎡	연면적 440.75 ㎡	※지역 제2종일반주거지역	※지구	※구역
건축면적 119.62 ㎡	용적률 산정용 연면적 345.16 ㎡	주구조 철근콘크리트구조	주용도 단독(다중)주택및 근린 생활시설	층수 지하: 1층, 지상: 4층
※건폐율 59.54 %	※용적률 171.81 %	높이 11.665 m	지붕 평스라브	부속건축물 동 ㎡
※조경면적 13.15 ㎡	※공개 공지·공간 면적 ㎡	※건축선 후퇴면적 1.1 ㎡	※건축선후퇴 거리 0.158 m	

건축물 현황					소유자 현황			
구분	층별	구조	용도	면적(㎡)	성명(명칭) 주민(법인)등록번호 (부동산등기용등록번호)	주소	소유권 지분	변동일 변동원인
주1	지1층	철근콘크리트구조	단독(다중)주택(5호)	95.59			1/1	2022.10.13.
주1	1층	철근콘크리트구조	제2종근린생활시설(사무소)	98.99				소유권이전
주1	2층	철근콘크리트구조	단독(다중)주택(6호)	91.68		- 이하여백 -		
주1	3층	철근콘크리트구조	단독(다중)주택(6호)	91.68		※ 이 건축물대장은 현소유자만 표시한 것입니다.		

이 등(초)본은 건축물대장의 원본내용과 틀림없음을 증명합니다.

수원 행리단길의 단독주택을 리모델링한 '일반상가'

예를 들어 수원 행리단길의 단독주택을 리모델링한 단층 상가들이나 5층 이하의 소형 빌딩들이 대부분 이런 구조이다. 단일 소유이기 때문에 관리와 리모델링 결정이 빠르게 이뤄지는 장점이 있지만 투자금이 큰 편이고 공실 리스크도 본인이 전부 부담해야 한다는 점은 고려해야 한다.

2. 구분상가: 여러 명이 소유한 한 건물

구분상가는 집합건물 형태로 하나의 건물 안에 여러 개의 점포가 물리적으로 나뉘어 있고 각각 다른 사람이 소유하고 있는 구조이다. 흔히 상가주택 1층에 줄지어 있는 점포들과 대형 쇼핑몰이나 테마상가 안의 호실들이 대표적이다. 건축적으로는 기둥과 외벽만 먼저 짓고 내부를 벽체로 나눠서 각각의 공간을 구성하는 방식이다.

구분상가는 지역이나 입지에 상관없이 전국 어디에서나 흔히 볼 수 있는 상가 유형이다. 구분해 놓은 상가들을 모아 놓았다는 의미로 '집합건물', '집합상가', '집합건물상가' 등 다양한 이름으로 불리기도 한다.

같은 건물이라도 1층은 작은 점포 단위로 잘게 나뉘고 위층은 상대적으로 넓게 구분되는 경우가 많다. 1층은 보통 8평에서 20평 내

점포가 물리적으로 나뉘어 있고 각각 다른 사람이 소유한 구분상가 예시

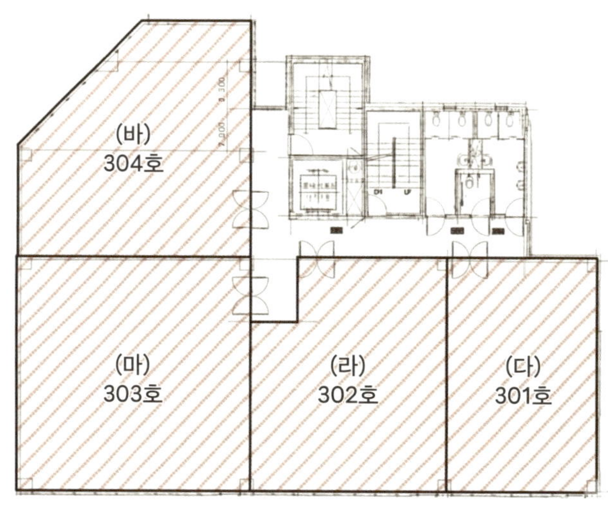

구분상가의 '집합건축물대장'

집합건축물대장(표제부, 갑)

■ 건축물대장의 기재 및 관리 등에 관한 규칙 [별지 제3호서식] <개정 2018. 12. 4.> (2쪽 중 제1쪽)

고유번호		정부24접수번호		명칭		호수/가구수/세대수	0호/0가구/0세대

대지위치			지번		도로명주소	

◆대지면적	856.6㎡	연면적	4,397.06㎡	◆지역	준주거지역	◆지구		◆구역	제1종지구단위계획구역
건축면적	513.23㎡	용적률 산정용 연면적	3,079.38㎡	주구조	철근콘크리트구조	주용도	제1종근린생활시설	층수	지하 2층/지상 6층
◆건폐율	59.91%	◆용적률	359.49%	높이	25.9m	지붕	(철근)콘크리트	부속건축물	동 ㎡
◆조경면적		◆공개 공지/공간 면적	㎡	◆건축선 후퇴면적	㎡	◆건축선 후퇴거리			m

건축물 현황					건축물 현황				
구분	층별	구조	용도	면적(㎡)	구분	층별	구조	용도	면적(㎡)
주1	지2층	철근콘크리트구조	의원(주차장)	404.51	주1	2층	철근콘크리트구조	의원	225.88
주1	지2층	철근콘크리트구조	의원(기계실,계단실)	247.96	주1	2층	철근콘크리트구조	일반음식점	178.86
주1	지1층	철근콘크리트구조	의원(주차장)	592.41	주1	2층	철근콘크리트구조	의원(계단실)	108.49
주1	지1층	철근콘크리트구조	의원(기계실,계단실)	72.8	주1	3층	철근콘크리트구조	의원	225.88
주1	1층	철근콘크리트구조	소매점	390.04	주1	3층	철근콘크리트구조	일반음식점	178.86
주1	1층	철근콘크리트구조	소매점(계단실)	123.19	주1	3층	철근콘크리트구조	의원(계단실)	108.49

이 등(초)본은 건축물대장의 원본내용과 틀림없음을 증명합니다.

외로 나뉘며 2층부터는 15평에서 30평 사이로 나뉘는 경우가 일반적이다. 다만 분양가가 높을 경우에는 고층이라도 작은 평수로 나누기도 한다.

필요하면 여러 호실을 합쳐 벽체로 구분하지 않고 한 층 전체를 사용하는 경우도 있다. 다만 이렇게 구분된 상가를 한 업종이 전부 사용한다고 해서 '통상가'로 불리지는 않는다. 쇼핑몰, 테마상가, 오픈형 상가와 같은 형태도 결국 구분상가의 한 유형이다.

건축물대장을 발급할 때는 '집합건축물대장'을 선택해야 한다. 이 문서에는 '표제부'와 '전유부'라는 두 개의 항목이 따로 존재한다. 표제부는 건물 전체에 대한 기본 정보(구조, 주차대수, 층수 등)를 담고 있고, 전유부는 내가 소유한 특정 호실의 상세 정보(상가 면적, 화장실나 복도의 면적 등)를 기록한다. 분양을 받거나 매매를 고려할 때는 반드시 이 두 문서를 함께 열람해야 한다.

참고로 상가건물의 내부 구조를 보다 명확하게 확인하고 싶다면 '건축물현황도'를 발급받는 것이 좋다. 사고자 하는 상가가 있다면

변동일	변동내용 및 원인
2012.3.27.	도시관리과-5763(2012.03.27)호에 의거 위반건축물 표기/위반내역: 1층, 근생, 경량판넬, 15㎡ 무단증축 - 이하여백 -

건축물대장을 보면 위반건축물 여부를 확인할 수 있다.

먼저 현황도를 통해 내부 구조와 크기를 파악해둘 필요가 있다. 오래된 건물일수록 내부 공간이 협소한 경우가 많고 종종 건물의 뒤편을 무단으로 확장해 사용하는 경우도 있기 때문이다.

현황도는 해당 건물이 건축 허가를 받을 당시 설계된 도면을 그대로 보여주므로 실제 현장 상태와 비교하면 불법 확장 여부나 공간 구성의 차이를 쉽게 알 수 있다. 인테리어 공사를 계획 중이라면 도면 자료로도 활용할 수 있다.

지도와 다양한 툴 분석

📍 임장 전, 꼭 필요한 사전조사

대부분의 투자자들은 전업이 아닌 이상 바쁜 일상 속에서 겨우 시간을 쪼개어 현장을 방문한다. 그런데 막상 도착한 상가가 기대에 미치지 못한다면 그것만큼 허무한 일도 없다. 그래서 현장에 가기 전에 얼마나 철저하게 조사했는지가 중요하다. 지도와 각종 툴을 활용한 사전조사는 필수이다. 특히 신도시 상가는 계획 정보가 사전에 공개되어 있어 준비만 잘하면 투자 효율이 훨씬 높아질 수 있다.

일반적으로 많이 사용하는 지도는 네이버지도, 카카오맵, 지적편집도, 지구단위계획도, 토지이용계획도 등이다. 각각의 특징을 파악해 목적에 맞게 선택하는 것이 중요하다.

네이버지도는 업종별 검색 시 시각적으로 보기 좋지만 광고 기반

상가의 과거와 현재를 비교할 수 있는 카카오맵 로드뷰

이라 정보의 편차가 있다. 반면 카카오맵은 버스정류장이나 공공시설이 잘 표기되어 있고 화면 분할로 과거와 현재를 비교할 수 있어 업종 변화 추적에 유용하다. 이 두 지도를 병행 활용하면 훨씬 정확한 분석이 가능하다.

📍 지적편집도와 토지이용계획도 활용법

지적편집도는 토지의 용도를 색으로 표시한 지도이다. 노란색은 주거지역, 빨간색은 상업지역, 녹색은 녹지, 파란색은 공업지역을 나타낸다. 상가를 지을 수 있는 땅은 빨간 계열의 상업용지이며 이 색 분포만 봐도 해당 지역의 상권 크기와 배후세대의 규모를 어느 정도 가늠할 수 있다.

예를 들어 마곡도시개발구역의 지적편집도를 보면 파란색 계열이

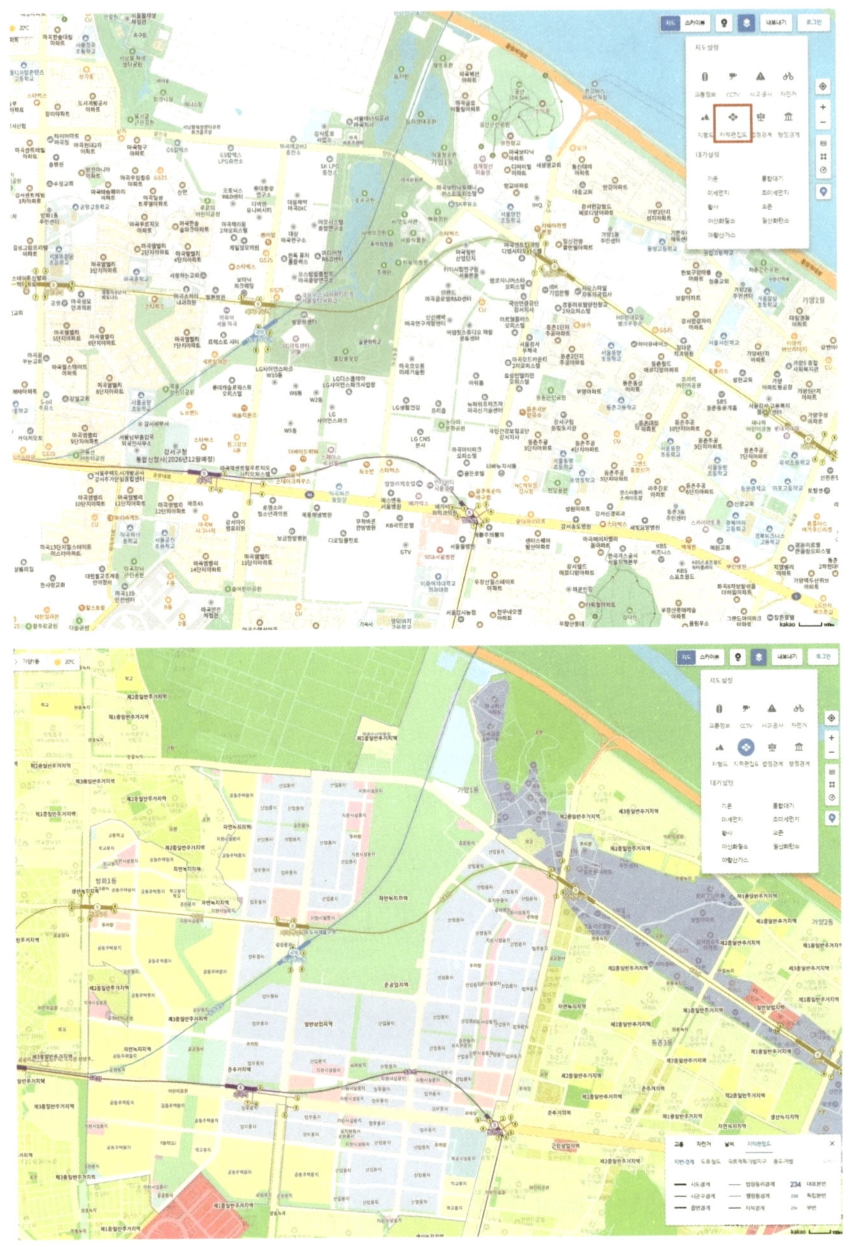

카카오맵의 마곡도시개발구역 일반 지도(상)와 지적편집도(하).
카카오맵의 레이어에서 지적편집도를 선택하면 지적편집도를 볼 수 있다.

지적편집도의 부동산 용지별 색깔

아파트	주거용지 (노란색 계열)	
단독주택, 상가주택		
연립		
역세권상가, 근생상가	상업용지 (빨간색 계열)	
쇼핑몰		
지식산업센터	공업용지 (파란색 계열)	
제조형공장		
각종 공원	녹지용지 (녹색 계열)	
녹지, 산		

많아 공업지역 중심의 산업단지형 도시라는 것을 확인할 수 있다. 더 정밀한 분석이 필요할 때는 택지정보시스템(www.jigu.go.kr)이나 해당 지자체의 구청 홈페이지에서 토지이용계획도를 열람하면 된다. 이는 국가기관이 제공하는 공식 자료로 토지 용도의 상세 정보와 향후 개발 방향까지 파악할 수 있는 신뢰 높은 도구이다.

📍 인구와 소득 데이터를 활용하라

상가는 그 지역의 인구 구조와 소득 수준까지 함께 봐야 한다. 예를 들어, '부동산지인' 같은 앱에서는 지역별 인구 이동과 소득 수준을 확인할 수 있는데 이는 향후 상권의 유지 가능성을 판단하는 데 매우 중요하다.

대구처럼 젊은 층이 수도권으로 빠져나가는 지역은 인구 감소로 상권이 위축될 가능성이 높고 고소득층이 많은 지역은 소비력이 높아 상권의 생명력이 길다. 이를 시각화해서 보여주는 사이트가 바로 '소상공인 365'이다. 이 곳에서는 특정 구역을 지정해 주거 세대수, 소득 수준, 소비 규모 등 핵심 데이터를 확인할 수 있다.

마지막으로 '밸류맵', '디스코' 같은 앱을 활용하면 시세 흐름과 거래 정보를 빠르게 파악할 수 있다. 언제 얼마에 거래됐는지, 거래량은 어떤 추세를 보이는지, 이 지역이 지금 활기를 띠고 있는지 등을 수치로 확인할 수 있다. 지도 기반의 분석에 이러한 데이터를 더하면 훨씬 입체적인 판단이 가능해진다.

📍 상가 거래의 핵심 파트너, 공인중개사무소

공인중개사와 관계를 형성하라

요즘 핸드폰은 단순한 통신 수단을 넘어선 지 오래이다. 사진이나 영상 촬영부터 녹음은 물론이고 내비게이션 기능까지 말 그대로 만능 도구이다. 부동산 임장을 다니는 투자자에게 이만큼 유용한 도구가 없다. 현장에서 바로바로 필요한 정보를 기록하고, 지도 앱으로 길을 찾으며 상권의 생생한 분위기를 영상으로 담아둘 수 있으니 말이다.

또한 중고거래 플랫폼에서 누구나 손쉽게 물건을 팔고 사듯 이제 부동산도 온라인 노출이 당연한 시대가 되었다. 아파트나 오피스텔은 물론이고, 상가까지 다양한 채널에 매물을 올려두면 임차인이나 매수자를 만날 기회가 확연히 늘어난다.

하지만 아무리 디지털 세상이 발달해도 상가 거래에서 든든한 지원군은 여전히 공인중개사무소이다. 공인중개사들은 시세 조사부터 시작해 매물 홍보, 고객 관리까지 발로 뛰며 일을 한다. 임대인과 임차인 모두를 위해 가장 빠르게 움직이는 전문가들이다. 좋은 공인중개사무소를 만난다는 것은 행운이자 투자 효율을 높이는 지름길이다.

그렇다고 운에만 맡길 수는 없는 노릇이다. 내가 보유한 상가가 있거나 관심 있는 투자 지역이 있다면 반드시 직접 발로 뛰어야 한다. 여러 중개사무소를 찾아가며 사전 조사를 하고, 그 지역만의 독특한 분위기와 거래 흐름을 몸으로 체감하는 것이 핵심이다. 발품을 많이 팔수록 수익은 커지고 위험은 줄어든다. 다다익선이라는 말처럼 접촉하는 중개사무소가 많을수록 나에게 돌아오는 정보와 기회도 늘어난다.

공인중개사무소를 다니다 보면 특별히 눈에 띄는 공인중개사들이 있다. 사람을 대하는 태도나 표정에서 호감을 주는 이들, 누구와도 거리낌 없이 친분을 쌓을 줄 아는 이들은 신뢰할 만하다. 또 어떤 공인중개사들은 지역 변화와 매출 흐름, 뜨는 업종과 지는 업종까지 세세하게 파악하고 있다. 이들은 단순히 매물을 연결하는 수준을 넘어 지역 상권의 변화를 분석해 거래 전략을 제시하는 경우가 많다.

상가 거래에서 좋은 임차인을 빠르게 구하고 싶다면, 또는 물건을 신속하게 좋은 가격에 처분하고 싶다면 공인중개사와의 관계가 절대적이다. 자주 얼굴을 비추고 작은 선물이나 따뜻한 커피 한 잔으로 인간적인 유대감을 쌓아보자. 때로는 그 한마디 인사가 예상치 못한 큰 기회로 이어질 수도 있다.

소비와 매출을 일으키는 진짜 동력, 배후세대

📍 아파트 단지는 상가의 발전소이다

과거에는 강남, 홍대, 이태원, 명동 같은 중심 상권이 상가 투자자들의 로망이었다. 하지만 코로나19라는 위기는 투자자들의 상식에 균열을 냈다. 그렇게 믿었던 핵심 상권들이 줄줄이 무너지는 것을 목격하면서 상가 투자자의 기준도 바뀌었다. 불황에도 꿋꿋이 버티는 '생활형 상권', 즉 집 주변 상가의 가치를 새롭게 주목하기 시작한 것이다. 특히 아파트 단지와 인접한 신도시 상권은 위기 속에서도 안정적인 수익을 낼 수 있다는 인식이 확산되며 투자처로 다시 떠오르게 되었다.

배후세대, 특히 아파트 밀집 단지는 상가에 있어서 발전소와 같은 존재이다. 경기가 나빠져도 아이들의 밥은 차려야 하고, 아픈 사람은 병원에 가야 하며 자녀는 학원에 보내야 한다. 이러한 일상 소비를 기반으로 한 업종은 매출이 쉽게 무너지지 않는다.

네이버부동산 등 인터넷 지도를 활용하면 단지의 평형, 세대수, 시세, 주거 형태 등의 정보를 한눈에 확인할 수 있어 특정 지역의 배후세대 구조를 파악하기 좋다. 그러나 단지의 규모만 보는 것으로는 부족하다. 중요한 것은 누가 살고 있느냐, 그리고 그들이 어떻게 소비하느냐이다.

가장 소비력이 풍부한 배후세대는 30~40대 젊은 부부가 중심이 되는 아파트 단지다. 특히 국민주택 규모인 24~30평형대의 아파트는 젊은 세대 비중이 높고, 초등학생 자녀를 둔 가구가 많다. 이들은 상권에 활기를 불어넣는 핵심 소비층이다. 아이들의 학원만 해도 피아노, 발레, 미술, 코딩, 수영 등 수십 가지에 이르며 병원도 소아과, 이비인후과, 내과, 가정의학과 등 감기 관련 진료과들이 다양하게 입점한다. 분식집, 키즈카페, 놀이시설, 스터디카페도 빠질 수 없다.

이처럼 어린 자녀를 둔 세대가 밀집한 단지는 업종 구성도 풍성하고 상권도 활기차다. 반면 고등학생 자녀 또는 성인 자녀를 둔 중장년 중심 단지는 소비가 좀더 단순하다. 학원은 국·영·수 중심의 단과 형태가 주를 이루며 성인 자녀들은 외부 상권을 더 자주 이용해 상권이 단조로운 편이다.

📍 평형과 소득이 업종과 임대료를 결정한다

같은 아파트여도 평형과 입주민의 소득수준에 따라 상권의 성격은 극명하게 나뉜다. 대형 평형 위주 단지는 중장년층과 시니어 세대가 주축을 이루는 경우가 많다. 이들의 소비 패턴은 상당히 단순하다. 소비 규모도 작고 이용하는 업종도 제한적이어서 상권은 현상 유지가 최대 목표가 되곤 한다. 헬스장 하나면 충분한 단지에서 요가나 필라테스, 골프 연습장 같은 업종이 성장하기는 어려운 일이다.

또한 소득 수준과 자산 수준도 업종 구성과 매출에 직접적인 영향을 미친다. 월세 세입자 비율이 높은 단지는 소비 여력이 낮아 필수 소비 위주 업종이 많고, 임대료 상승 여력도 낮다. 반면 전세나 자가 비율이 높은 단지는 주거비 부담이 적어 여가, 취미, 패션, 뷰티 등 선택적 소비가 활발하다.

아파트 유형별 배후세대 소비력 차이

초등자녀를 둔 30~40대 가족	>	성인 자녀를 둔 50대 이상 가족
전세 및 자가 비율이 높은 아파트		월세 비율이 높은 아파트
일반분양 아파트		임대아파트
500세대 이상 아파트		500세대 미만 아파트
소형 및 중형으로 구성된 아파트 단지		대형으로만 구성된 아파트 단지

주거 자산의 상승은 상가 소비에도 파급력을 준다. 최근 5년간 아파트 가격이 급등하면서 소비 행태도 눈에 띄게 변화했다. 예전에는 외식 하면 돼지고기 식당을 찾던 가족들이 이제는 초밥집이나 오마카세를 자주 찾고, 수입산 소고기 대신 한우를 고른다. 운동도 헬스장에서 끝나지 않고 요가·필라테스·PT는 물론 골프 레슨까지 확장되고 있다. 학원 역시 국·영·수 중심에서 클래식 악기, 아이스하키,

체육 교실, 예체능 전반으로 영역이 넓어졌다.

이는 단순한 생활 수준의 변화가 아니라 지역 상권 전체의 매출 규모가 커지는 구조적 변화이다. 상가 투자자는 이 흐름을 주목해야 한다. 주택 자산 가치 상승이 배후세대의 소비 역량을 키우고 이는 곧 상가 매출과 임대료로 이어지기 때문이다.

📍 소비와 매출을 좌우하는 '배후세대' 읽는 법

배후세대를 단순히 '세대수'로만 계산해선 안 된다. 동일한 1,000세대 단지라 해도 그 안에 누가 사느냐에 따라 상권의 크기와 업종 구성, 매출 수준은 완전히 달라진다. 젊고 소비력 있는 가구가 많은 단지는 브랜드 입점도 잘 되고 상권 자체의 성장 가능성도 크다. 반면 고령층 중심이거나 소득이 낮은 지역은 업종이 가성비 중심으로 구성되고 임대료도 낮게 형성된다. 물론 세대수가 매우 많다면 주변 상가 매출이 안정적인 경우도 있다. 하지만 이는 예외적인 사례에 가깝다.

상가투자의 시작점은 '상권'이 아니라 '사람'이다. 그리고 그 사람들을 구성하고 있는 집단이 바로 배후세대이다. 이들을 정확히 읽을 수 있다면 상가의 수익 가능성은 절반 이상 분석한 것이다.

📍 '유효수요' 대신 '이용가능수요'를 보라

상가를 처음 접한 투자자는 분양 자료에 나오는 '유효수요 3만 세대' 같은 문구에 마음이 혹할 수 있다. 하지만 이런 표현은 종종 마케팅용 수치인 경우가 많다. 실제로 상가를 이용할 수 있는 수요인지, 접근 가능한 거리와 동선이 확보되어 있는지를 따져봐야 한다.

그래서 이제는 '유효수요' 대신 '이용가능수요'라는 표현을 쓰자고 제안하고 싶다. 이 개념은 실제 사람들이 상가를 이용할 수 있느냐, 즉 접근성과 동선을 바탕으로 수요를 따져보는 데 초점을 둔다. 예를 들어보자. 상가 바로 뒤편에 대단지 아파트가 있다고 해도 그 아파트에서 상가로 직접 연결되는 길이 없다면 또는 단지 내 후문이 다른 방향으로 열려 있다면 물리적으로는 가까워 보여도 실질적인 이용은 거의 불가능하다. 단지 전체가 아니라 실제 상가 쪽으로 연결된 몇 개 동만 이용 가능성이 있는 것이다. 이게 바로 '이용가능수요'가 말하는 핵심이다.

현장에서는 종종 단지 전체 세대를 '유효수요'로 잡고 수치만 부풀린 자료들이 넘쳐난다. 실제 접근이 불가능한 세대까지 포함해 상가를 황금상권처럼 포장하는 것이다. 초보 투자자들이 이런 화려한 수치에 현혹되어 상가를 선택한다면 투자 후 고정 임대료는커녕 공실 걱정부터 하게 될 수도 있다. 결국 진짜 수요를 알고 싶다면 숫자보다 현장을 봐야 한다. 특히 동선은 실제 걸어보고 접근성은 눈으로 확인해야 한다. '이용 가능한 사람'이 누구인지, '실질적으로 오갈 수 있는 길'이 있는지를 먼저 따지는 것은 상가투자의 기본이다.

📍 안정적인 상권의 진짜 주인공은 누구일까?

상권을 이야기할 때 많은 사람들은 자연스럽게 홍대, 성수, 강남 같은 대표 상권을 떠올린다. 이들 지역은 20~30대 젊은 층이 주 이용층이며 그 덕분에 늘 사람들로 북적인다. 하지만 이런 상권이 항상 안정적인 것은 아니다.

젊은 층 중심의 상권은 '놀고, 먹고, 입는' 업종 위주로만 발달하고 유동인구가 많아도 업종 간 경쟁이 치열해 상권의 부침도 크다. 즉, 화제성은 높지만 지속성은 낮은 구조이다.

그렇다면 상권이 오래가고 다양한 업종이 들어서는 곳은 어디일까? 바로 4세부터 13세까지의 '아이들'이 많은 곳이다. 아이들이 중심이 되는 상권은 단순히 수익률이 높은 수준을 넘어서 업종의 다양성과 안정적인 임대 수익을 만들어내는 구조를 가진다.

어린아이들이 상권에 주는 영향력은 생각보다 훨씬 크다. 가장 먼저 영향을 받는 업종은 병의원이다. 아이가 감기에 걸리기라도 하면 소아과부터 이비인후과, 한의원, 내과까지 다양한 병원을 오가게 된다. 예방접종이나 치과 진료도 필수이다. 그러다 보니 아이들이 많이 사는 동네에는 병의원이 주로 상가건물의 3~5층 중간층에 안정적으로 입점하게 된다. 병원만이 아니다. 조기교육이 일상이 된 요즘, 아이들은 코딩, 피아노, 태권도, 미술 등 다양한 학원에 다닌다. 기본적인 영어, 수학, 논술은 말할 것도 없다. 이런 학원들은 상가의 중·상층을 책임지는 주요 임차 업종이다.

또한 아이들은 혼자 움직이지 않는다. 부모가 함께 움직인다. 엄마는 아이 학원을 기다리는 동안 자연스레 주변 카페에서 시간을 보내고, 근처 반찬가게에서 저녁 반찬을 사며 중소형 마트에서 식재료를 산다. 아이들이 좋아하는 떡볶이, 햄버거, 버블티 같은 간식 가게도 학원 근처에 모여든다. 교육 수요가 자연스럽게 병원, 식음료, 편의 시설 수요까지 확장되는 것이다. 그래서 아이가 많은 주거지 상권은 상가 7층까지도 빈틈없이 채워지는 일이 가능해진다. 입지가 다소 약하더라도 임대료에 맞는 업종으로 자연스럽게 채워지기 때문에 공실 리스크가 낮다. 이런 지역에서는 스터디카페처럼 넓은 면적이 필요한 업종들은 자리가 없어서 못 들어오는 경우도 종종 있다.

연령별 상가 업종 수요 비교

종류	4~13세	성인층
학원 수요	종류가 가장 많고 새롭게 만들어지기도 한다.	운동과 취미 위주이기 때문에 제한적이다.
병원 수요	병의원을 자주 가고 가는 병원의 종류도 다양하다.	기저 질병에 따라 다르다.
다른 업종 수요	분식 및 식음료, 놀이시설 수요가 다양하다.	먹거리, 주류, 커피 수요가 주를 이룬다.

이렇게 4~13세 아이들은 단가가 높은 소비를 하진 않지만 동시다발적이고 지속적인 수요를 만들어낸다. 그 결과 다양한 업종이 입점할 수 있고 상권이 쉽게 무너지지 않는다. 매년 5%씩 임대료를 올리는 실속 있는 상가투자는 바로 이런 지역에서 가능하다.

계획도시를 알면 상가투자가 재미있어진다

📍 상가는 사람을 따라간다

화성이나 달나라에 인류가 정착하게 된다면 그곳에도 반드시 상가가 들어서게 될 것이다. 다소 엉뚱하게 들릴지 몰라도, 상가는 사람이 있는 곳이라면 어디에든 반드시 필요한 인프라이기 때문이다. 물론 아무 곳에나 무작정 들어설 수는 없다. 최소한 장사가 가능할 정도의 수요가 확보되어야 상가도 제 역할을 할 수 있다.

예를 들어, 초원 위 그림 같은 집 1채만 덩그러니 있는 곳이라면 상가는 존재할 수 없다. 국가에서 적자를 보전해 주는 것이 아니라면 몇 가구밖에 없는 외곽 시골 지역에는 상가 하나 없는 것이 당연하다. 이런 곳은 정기적으로 화물차를 몰고 다니며 생필품을 파는 이동장터가 대신 상권 역할을 하기도 한다. 이처럼 상가는 최소한 운영비가 나올 수 있는 곳에 생기는 것이다.

그래서 상가를 이야기할 때는 대부분 도시로 한정해서 다루게 된다. 도시의 구조와 계획, 그리고 사람의 흐름을 이해하는 것이 곧 상권을 이해하는 길이기 때문이다.

📍 기성 도시와 계획도시

도시는 크게 기성(로컬) 도시와 계획도시로 나뉜다. 먼저 기성 도시는 오랜 시간 동안 사람들이 모여 살며 자연스럽게 형성된 곳이다. 서울 강북의 4대문 안쪽처럼 조선시대부터 존재해온 구도심이 대표적이다. 외국에서는 '올드타운(Old Town)'이라 부르기도 한다. 이런 지역은 역사와 전통이 켜켜이 쌓여 있는 만큼 도시 구조가 비정형적이고 복잡하다. 도로망도 불규칙하고 건물 배치 역시 무질서하게 확장된 경우가 많다.

그래서 기성 도시는 상권 분석이 어렵다. 패턴이 없기 때문에 제대로 분석하려면 많은 지역을 다녀보고 비슷한 특성을 가진 곳끼리 묶어서 비교하는 방법이 정확도를 높이는 데 도움이 된다. 즉, 직접 발로 뛰며 지역별 특성과 흐름을 몸으로 익혀야 한다. 그래서 실전 경험이 부족한 초보자에겐 다소 까다로운 지역이다.

반면 계획도시는 초보자도 쉽게 상권을 이해하고 응용할 수 있는 구조를 갖추고 있다. 이름 그대로 필요에 따라 계획된 도시로 기능과 목적이 명확하고 구획이 정리되어 있어 상권을 분석하기 훨씬 수월하다.

계획도시는 1960년대 중반, 지방의 산업도시 조성 사업에서 본격적으로 시작되었다. 포항, 울산, 창원 등은 산업형 계획도시의 시초이다. 이후 수도권에도 안산(반월공단 배후도시), 목동신시가지, 상계동, 영동대개발 등 다양한 계획도시가 등장했다. 우리가 흔히 알고 있는 계획도시는 1·2기 신도시와 크고 작은 택지지구들이다. 현재는 3기 신도시 개발이 이루어지고 있다.

계획도시는 산업형뿐 아니라 경제자유도시, 혁신도시, 행정도시 등 기능별로 다양하게 분화되어 있다. 이들 도시는 철저하게 목적 중심으로 설계되기 때문에, 도시마다 아파트, 상가, 학교, 공원, 지식산업센터 등의 배치가 모두 다르다. 당연히 이 배치에 따라 상권의 중심, 흐름, 밀도 역시 달라진다.

계획도시는 도시의 밑그림부터 다르다. 가장 먼저 토지를 수용하고, 상하수도와 전기, 도로 등 기초 인프라를 깔아 정리된 백지 상태의 '도화지'를 만든다. 이후 이 도화지 위에 아파트는 어디에 몇 세대, 상가는 몇 평, 학교는 어느 위치에 배치할지 등을 구체적으로 설계한다. 이렇게 도시를 구성하기 위해 만들어지는 것이 바로 토지이용계획표이다.

📍 토지이용계획표
–어떤 용도로 얼마만큼 사용할 것인가?

토지이용계획표를 보면 해당 지역이 어떤 목적으로 개발되는지, 어떤 기능의 건축물들이 어떻게 분포되는지를 한눈에 파악할 수 있다. 이 정보를 바탕으로 상권이 형성될 주요 지점, 유동인구의 흐름, 배후수요의 성격까지도 미리 예측이 가능해진다. 그래서 계획도시의 토지이용계획표를 읽을 줄 아는 능력은 상가 투자자의 필수 역량이다.

이 표는 말 그대로 '토지를 어떤 용도로, 얼마만큼 사용할 것인지'를 정리해 숫자와 항목으로 구성한 것이다. 주거, 상업, 공공시설 등의 비율 구조를 단 1장에 담아내 도시의 성격을 파악하는 데 더없이

토지이용계획표 예시

아파트	주거용지로 분류	30%
단독주택, 상가주택		
연립주택		
역세권상가, 근생상가	상업용지로 분류	5%
쇼핑몰		
지식산업센터	자족용지로 분류	3%
제조형공장		
각종 공원, 녹지	공공용지로 분류	62%
학교, 각종 관공서		
도로, 인도, 호수, 하천		
종교용지, 체육시설		

유용하다.

토지이용계획표는 엑셀표처럼 구성되어 있어 누구나 쉽게 읽을 수 있다. 숫자와 용도 항목만 익히면 되기 때문에 전혀 어렵지 않다. 예를 들어, 한 신도시의 토지이용계획표에 앞의 표와 같이 기록되어 있다고 해보자.

이 표만 봐도 이 도시는 '주거 중심'이라는 사실을 알 수 있다. 아파트 비율이 높고, 상업과 자족 비중은 낮다. 반면 산업단지 조성을 목적으로 한 도시라면 '자족용지' 비율이 10% 이상으로 훨씬 높아지게 된다. 어떤 기능을 강조하느냐에 따라 도시 설계 자체가 달라지는 것이다. 만약 도시를 단순히 확장하기 위한 목적일 경우에는 특정 시설이 집중되지 않고 적당히 분배되는 경우가 많다. 이렇게 토지이용계획표를 제대로 활용하면 도시의 태생적 목적을 빠르게 파악할 수 있다.

'표'라는 말 때문에 어렵게 느껴질 수도 있지만 토지이용계획표는 아주 쉽고 명확하다. 시설들의 비율만 확인하면 된다. 주거는 몇 퍼센트인지, 상업은 몇 퍼센트인지를 보기만 하면 도시의 기본 성격이 한눈에 파악된다.

📍 도시를 한눈에 꿰뚫는 지도, 토지이용계획도

토지이용계획표만으로는 도시의 실제 모습이 잘 떠오르지 않는다. 예를 들어 아파트 주변에 학교가 있는지, 상가가 어디 쯤에 들어설지, 공원이나 호수가 가까운지 등의 정보는 표로만 보면 파악할 수

3기 신도시 남양주왕숙지구의 토지이용계획도

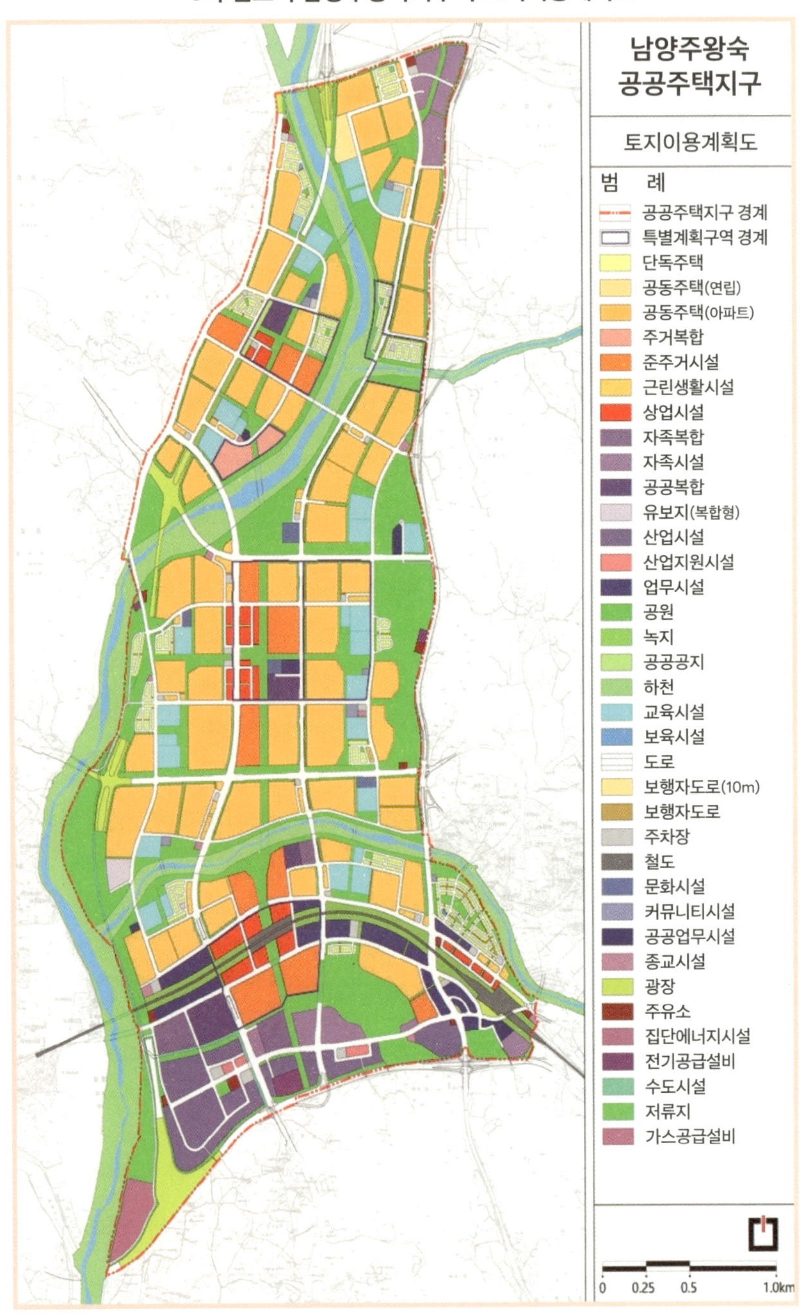

없다.

사람들은 수치보다 이미지에 더 빠르게 반응한다. 그래서 조감도나 배치도 같은 그림 1장이 분석을 쉽게 해주고, 투자 판단도 더 빠르게 만들 수 있다. 이처럼 숫자만으로는 보이지 않는 도시의 구조를 그림으로 바꾼 것이 바로 '토지이용계획도'이다. '도'는 말 그대로 그림 '도圖' 자를 써서 토지이용계획표의 수치를 다양한 색으로 표시한 시각 자료이다.

앞의 3기 신도시인 남양주왕숙지구의 토지이용계획도를 보면 아파트는 어디에, 상가는 어느 거리에, 학교나 공원은 어떤 구역에 배치되는지를 한눈에 확인할 수 있다.

자연스럽게 형성된 오래된 도시는 이런 계획도가 존재하지 않는다. 하지만 계획도시는 반드시 토지이용계획표와 토지이용계획도가 함께 존재한다. 토지이용계획표는 도시의 목적과 성격을 숫자로 파악하게 해주고 토지이용계획도는 그것을 실제 공간 속 배치로 시각화해준다. 그래서 계획도시를 공부하거나 투자할 때는 반드시 이 두 자료를 함께 확인해야 한다.

2장

신도시와 구도심 상가는 공략법이 완전히 다릅니다

1

신도시 투자, 편견을 깨야 기회가 온다

계획도시 상가투자, 언제가 적기일까?

📍 신도시 상가를 바라보는 3가지 시선

신도시 상가투자를 대하는 시선에 따라 상가 투자자의 유형은 크게 3가지로 나뉜다. 첫 번째는 신도시가 개발되기 시작할 무렵부터 상가에 관심을 갖고 투자에 나서는 유형이다. 이들은 대부분 고정 월세 수입을 목적으로 상가를 바라본다.

15~20년 전, 상가가 인기를 누리던 시절에 계획도시에 몰렸던 투자자들이 바로 여기에 해당한다. 당시 많은 투자자들이 분양사무소나 인근 중개업소에서 제공하는 정보에 의존해 투자를 결정했다. 문제는 이 정보들이 상당 부분 과장되어 있다는 점이다. 분양사무소는 상가를 분양해야 수익이 발생하므로 수요층을 부풀려 소개하는 일이 잦다. 예를 들어 실제 배후세대가 1,000세대에 불과함에도 3,000세

대라고 말하며 상가 수요가 넘쳐날 것처럼 포장하는 식이다.

이렇게 추천받아 매입한 상가가 실제로 성공할 가능성은 복불복에 가깝다. 투자 경험이 있거나 상가 구조에 대한 기본 지식이 있는 사람이라면 나름의 선별 기준으로 괜찮은 상가를 고를 수 있지만 대부분은 초보자이기 때문에 운에 기대는 투자로 끝나기 쉽다.

두 번째 유형은 신도시가 개발된 지 시간이 어느 정도 흐른 후, 상권이 안정됐다고 판단되었을 때 비로소 움직이는 투자자이다. "신도시는 최소 5년은 지나야 상권이 자리를 잡는다."라는 말이 있는데 이 시기를 기다리는 투자자들이 의외로 많다.

하지만 '5년', '7년'이라는 기준은 일부 사례를 일반화한 것에 불과하다. 계획도시는 지역에 따라 배후세대 구성이나 상업시설 분포, 유동인구가 크게 다르기 때문에 상권이 형성되는 기간도 제각각이다. 중요한 건 획일화된 시간보다 '현장 조사'이다. 현장을 다니며 상권의 흐름을 읽고 괜찮은 상가를 선점하는 편이 훨씬 효과적이다.

마지막 유형은 처음부터 신도시 상가는 공실이 많고 리스크가 크다고 생각해 애초에 관심을 두지 않는 사람들이다. 특히 인터넷 커뮤니티나 주변 지인들 사이에서 '신도시 상가는 위험하다.'라는 말만 듣고 스스로 판단을 포기하는 경우가 많다. 하지만 이런 식의 접근은 정말 좋은 기회를 놓치는 원인이 되기도 한다.

결국 핵심은 소문에 휘둘릴 것이 아니라 스스로 공부하고 분석해서 판단하라는 것이다. 초보 투자자라면 특히 타인의 말보다 자기만의 기준과 데이터를 가지고 움직여야 한다. 그래야 진짜 좋은 상가를 선점할 수 있다.

📍 계획도시, 유형에 따라 투자법도 다르다

계획도시 상가투자를 고려할 때 가장 흔히 듣는 말이 있다. "무조건 오래 묵혀야 한다."라는 말이다. 1~2년은 어림없고 최소 5년 이상은 지나야 그 상가가 제 역할을 한다는 것이다. 마치 된장처럼 숙성될수록 맛이 난다는 식이다.

그러나 중요한 것은 투자 타이밍이 아니라 입지 선별의 정확도이다. 당연한 말이지만 좋은 곳은 초기에 들어갈수록 좋고 나쁜 곳은 늦게 들어갈수록 좋다. 한 가지 분명한 것은 제대로 이해하고 접근하면 계획도시는 상가 투자자에게 좋은 기회가 될 수 있다는 점이다. 그래서 계획도시 상가투자를 고려할 때 가장 먼저 해야 할 일은 그 도시의 성격을 파악하는 것이다. 도시의 목적과 구조에 따라 상가의 적정 진입 시점이 달라지기 때문이다.

계획도시는 성격에 따라 크게 3가지로 나눌 수 있다.

① 주거형 도시 – 가장 안정적인 투자처

주거형 도시는 1·2·3기 신도시나 전국의 크고 작은 택지지구처럼 주거 중심으로 조성된 지역이다. 이 유형은 상가 투자자에게 가장 추천할 만한 형태이다. 수요가 안정적이고, 비수기와 성수기의 격차도 크지 않다. 특히 코로나 시기에도 그 회복력과 견고함을 입증한 바 있다.

이런 주거형 도시는 좋은 입지라면 초기에 선점하는 것이 유리하다. 공급 초기에 이미 입지나 배후수요가 뛰어난 상가는 향후 프리미엄이 붙을 가능성이 높기 때문이다.

② 산업단지형 도시 – 입지 분석이 핵심

산업단지형 도시는 최근 투자자들에게 특히 인기를 끌고 있다. 판교, 마곡, 광교 같은 지역이 대표적이다. 주거지보다 직장이 중심이 되는 도시이며 아파트와 상가 모두 투자처로 주목받고 있다. 산업단지형은 목적에 따라 다시 다음과 같이 나눌 수 있다.

산업단지형 도시 유형

- 제조형 산업단지 : 오창과학산업단지, 오송생명과학단지
- 지식산업센터형 : 판교테크노밸리, 가산국가산업단지
- 기업형 도시 : 민간 자본으로 조성된 자급자족형 도시
- 공공기관 중심 : 혁신도시 등

③ 복합형 도시 (2기 이후 신도시)

복합형 도시는 기존 신도시의 한계를 보완하고자 등장했다. 기존의 신도시가 대부분 '베드타운형'으로 직장과 집이 멀리 떨어져 있었다면 복합형은 직주근접을 핵심 가치로 삼는다. 직장과 집의 거리를 줄이고 자족 기능을 강화한 것이 특징이다.

최근 조성되는 신도시 대부분은 자족용지 비율을 높이고 있다. 이

는 상가 입지에도 큰 영향을 준다. 과거에는 회사를 멀리 두는 것이 일반적이었지만 요즘은 출퇴근 시간을 단축할 수 있는 구조를 선호한다. 이는 삶의 만족도를 높이고 동시에 상권의 활성화 속도도 빠르게 만든다.

산업단지형이나 복합형 도시에서 상가투자 시점을 정할 때 가장 중요한 건 '입지'이다. 좋은 입지라면 초기 진입이 유리하지만 선별을 잘못하면 오랜 기간 공실 위험을 감수해야 한다. 초보자라면 무리해서 앞서기보다는 상권이 정착한 뒤 진입하는 보수적인 전략이 더 적절할 수 있다.

계획도시의 장점은 명확하다. 공부로 안목을 키울 수 있다는 점이다. 나의 경험상 약 6개월 정도만 공부해도 투자에 필요한 기초 분석 능력을 갖출 수 있다. 특히 지도나 이미지 자료만으로도 어느 정도 입지를 판별하는 눈이 생긴다. 다만 그 정확도를 높이려면 지속적인 현장 경험과 반복 학습이 필수이다.

📍 늦춰진 3기 신도시, 오히려 기회일 수 있다

3기 신도시는 당초 계획보다 조성 속도가 늦어지고 있다. 본래는 2027년 이후부터 입주가 본격화될 것으로 예상됐지만 일부 사업장의 공사가 일시 중단되며 일정이 밀리고 있다. 이대로라면 몇 년은 더 늦춰질 가능성이 크다.

하지만 투자자는 이 지연을 부정적으로만 볼 필요는 없다. 오히려 본격적인 입주 전 몇 년의 시간이 남았기 때문에 지금부터 관심을 갖고 분석한다면 신도시 내 알짜 상가를 선점할 수 있다.

많은 사람들이 '신도시 상가는 절대 분양 받지 마라.'라는 말을 정설처럼 받아들이지만, 나는 그 생각에 동의하지 않는다. 물론 신도시 상가는 초기 1~2년 정도의 정착 기간이 필요하다. 하지만 상권이 자리 잡기 시작하면 권리금이 붙고 안정적인 수익 구조가 만들어지는 곳도 있다. 중요한 것은 입지를 볼 수 있는 눈이다. 실전에서 어떤 상가가 살아남는지를 알려면 현장에 가서 직접 보고 느껴야 한다.

📍 분양 초기는 투자자의 협상 기회이다

분양 초기에는 물건이 넘쳐난다. 공급은 많은데 매수자는 적은 것이다. 특히 고금리 기조가 이어졌던 지난 몇 년 동안 수익형 부동산 시장 전반이 위축되면서 투자자들은 보수적으로 움직이고 있다.

이 시점에는 오히려 매수자가 협상을 유리하게 이끌 수 있다. 인기 높은 1~2층이 아니라면 특히 더 그렇다. 사람들은 보통 3층 이상을 꺼리기 마련인데 이 타이밍에 3층 이상 상가를 합리적인 분양가로 매수할 수 있다면 꿩 먹고 알 먹는 투자가 될 수 있다.

분양 초기에 할인된 가격에 입지가 뛰어난 상가를 매수해 좋은 업종을 빠르게 입점시킨다면 두고두고 효자 노릇을 하는 상가가 될 것이다.

📍 현장을 걸어봐야 진짜 가치가 보인다

혹시 아직도 '신도시 상가 분양은 무조건 피해야 한다.'라고 생각하고 있다면 직접 현장을 가보길 권한다. 실제로 나는 책이나 강연을 통해 신도시 알짜 상권을 꾸준히 소개해왔고 수강생들과 임장을 하며 현장의 경험을 바탕으로 편견을 바로잡는 작업을 해왔다.

은퇴를 준비하고 있거나 월세 수입이 꼭 필요한 투자자라면 지금부터 신도시의 조성과 상권 형성 과정을 면밀히 지켜볼 필요가 있다. 상권이 생겨나기 직전, 즉 모두가 망설일 때가 오히려 기회의 문이 열리는 순간이다.

단, 주의할 점도 있다. 토지이용계획도는 수시로 바뀔 수 있다. 예를 들어 입주하겠다는 기업이 나타나지 않으면 자족용지는 공터로 방치되거나 주상복합, 공공시설, 기타 주거 용지 등으로 바뀔 수 있다. 이는 상권의 중심축까지 흔들 수 있는 문제이다. 그래서 신도시 상가 투자자는 계획도 하나만 믿고 투자해서는 안 된다. 진행 상황을 주기적으로 모니터링하고 변화의 흐름을 파악하는 것은 신도시 상가투자에 필수적이다.

위례신도시는
정말 상가의 무덤일까?

📍 '상가의 무덤'이라는 오해

위례신도시는 초창기부터 '상가의 무덤'이라는 부정적인 평가를 받았다. 상가 분양이 시작되던 무렵부터 미분양 뉴스가 끊이지 않았고, 지금도 미분양 상가 사례로 자주 언급된다. 그래서 초보 투자자라면 자연스레 '위례신도시는 절대 투자하면 안 되는 곳이구나.'라고 생각할 수도 있다.

하지만 알고 보면 미분양의 주인공은 대부분 트램 예정 노선 주변 상가이다. 트램은 도로 위 레일을 따라 움직이는 전동차로 일종의 노면전차이다. 위례신도시는 이 트램 길을 따라 멋진 거리를 조성하기 위해 상가를 대거 공급했다. 문제는 트램 착공이 지연되면서 아파트 입주가 시작된 지 10년이 지나서야 공사가 본격화됐다는 점이다. 그 사이 많은 상가가 공실로 남았고, 언론은 이를 반복적으로 보도하여 위례신도시 전체가 마치 실패한 상권처럼 여겨졌다.

신도시 상권은 원래 허허벌판에 건물이 하나둘 들어서며 도시 형태가 만들어지는 과정에서 함께 성장한다. 초기에는 동시다발적으로 많은 상가가 분양되다 보니 초보자들이 혼란에 빠지기 쉽다. 어느 현장에 가면 그곳이 좋아 보이고, 다른 곳에 가면 또 그곳이 좋아 보인다. 각 분양 현장에 가보면 주장에 맞는 자료와 설명을 내세우며 투자자를 유혹한다. 그러다 보니 사고 싶은 상가가 너무 많아 오히려 결정하기 어려운 상황에 놓이게 된다.

그런데 시간이 흐르면 상권의 차이가 드러난다. 좋은 입지에 자리 잡은 상가는 권리금이 빠르게 형성되고 임대료가 상승하면서 안정화된다. 초기 분양 상가임에도 불구하고 매매가 원활히 이루어지고 가격이 오르는 곳도 생긴다. 그러다 영업하는 사람들 사이에서 "○○ 상권이 장사가 잘된다."는 입소문이 돌고 더 많은 임차인이 몰리면서 상권은 빠르게 성장 단계로 넘어간다.

이렇게 어느 정도 상권이 자리 잡은 뒤에는 상가를 잘 모르는 사람도 직관적으로 '좋다, 나쁘다'를 구분할 수 있다. 하지만 이 시점의 상가는 이미 가격이 크게 올라 있고 좋은 자리는 매물이 귀하다. 소유주가 쉽게 팔 이유가 없기 때문이다.

입지는 정직하다. 노련한 투자자라면 신도시의 토지이용계획도가 처음 발표될 때부터 좋은 자리가 한눈에 보인다. 게다가 초기에는 선택지가 많아 매수자가 주도권을 갖고 협상할 수 있지만 시간이 흐르면 입지가 좋은 자리는 점점 다가가기 힘든 물건이 되어버린다. 이것이 우리가 신도시 입지 분석을 공부해야 하는 이유이다. 다시 위례신도시로 돌아가 입지 분석을 해보자.

📍 위례신도시의 항아리상권

실제 현장을 들여다보면 같은 위례 안에서도 입지에 따라 큰 격차를 보인다. 이번에는 그중에서도 항아리상권을 중심으로 좋은 입지를 구체적으로 살펴보자.

다음 지도의 지역은 약 7,500세대, 인구 1만 8,000여 명이 넘는 배

위례신도시의 항아리상권과 주변 아파트 세대수

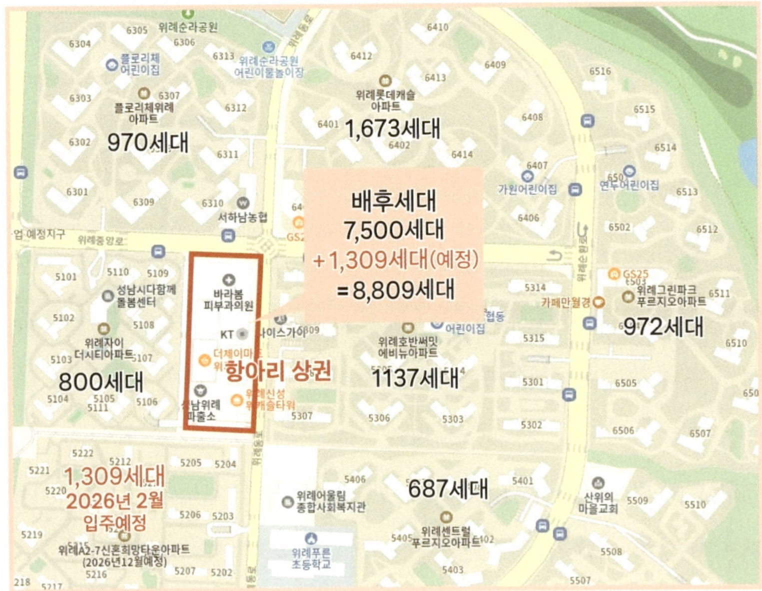

출처: 카카오맵

위례신도시의 항아리상권

후세대를 품고 있다. 그런데 상권 내 상가건물은 고작 5개뿐이다. 다른 블록의 상가를 이용하려면 사람이 거의 다니지 않는 500m 거리를 걸어야 해서 주민들은 자연스럽게 가까운 상가로 모이게 된다. 게다가 상권 주변에는 초·중·고등학교와 학원, 소아과·내과·치과 같은 병의원 시설이 몰려 있어 가족 단위 수요가 끊임없이 발생한다. 결국 생활 동선은 다음 지도의 빨간 박스로 표시된 상가들로 집중될 수밖에 없다. 이것이 바로 항아리상권이다.

항아리상권은 외부 상권으로 빠져나가기 어려워 오직 내부 상가만 이용할 수 있는 구조를 말한다. 상가 투자자 입장에서는 매우 안정적인 상권이다. 물론 단지 내 소규모 상가도 존재하지만 업종 다양성과 규모 면에서 근린상가가 중심이 된다. 특히 버스정류장과 건널목 앞에 위치한 전면 상가가 가장 좋은 입지를 차지한다. 뒤쪽 상가보다 훨씬 눈에 잘 띄고 유동 인구를 빨아들이는 힘이 강하기 때문이다.

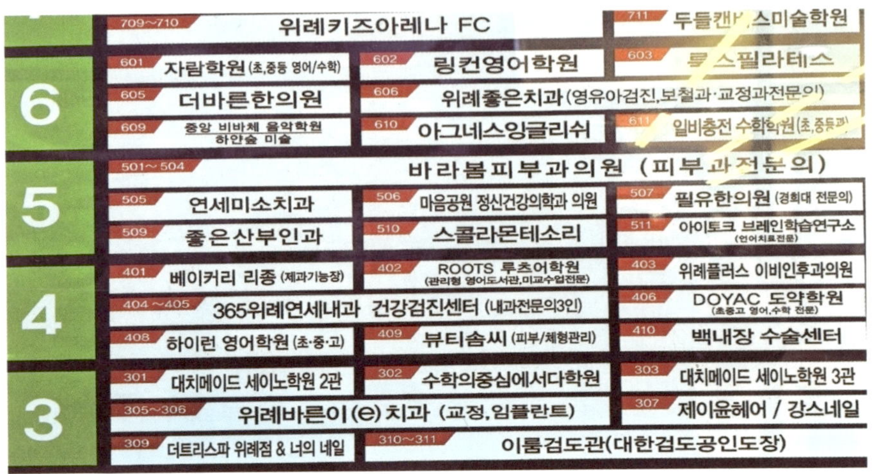

위례신도시 항아리상권의 코너 상가건물인 애이플타워의 층별 안내판

위례신도시 항아리상권의 코너에 자리한 에이플타워는 이 지역 상권의 가치를 잘 보여준다. 2023년 8월 층별 안내판을 보면 3층부터 6층까지 병의원 업종이 다양하게 들어서 있다. 특히 4~5층 같은 중층에도 병의원이 다수 입점해 있다는 점은 이 상권의 질을 증명한다. 일반적으로는 저층이 임대료가 비싸고 선호도가 높지만 이곳은 중층조차 안정적으로 운영될 만큼 수요가 탄탄하다.

건물 전체를 보면 병의원뿐 아니라 학원, 운동센터, 피부·미용실, 음식점, 판매시설 등이 고르게 분포해 있다. 업종 구성이 균형 잡혀 있어 건물 자체의 분위기도 안정적이다. 이런 상가의 특징은 임대료가 꾸준히 오르고 경쟁력이 없는 업소는 자연스럽게 퇴출된다는 점이다. 결국 남아 있는 업소들은 매출이 안정적이어서 장기간 영업을 이어간다. 실제로 에이플타워는 위례신도시에서 임대료 수준이 높은 편에 속하며 앞으로도 상승 여력이 크다.

📍 위례신도시의 미래 수요와 성장 가능성

현재 이 지역 주변에는 신규 아파트 단지를 짓고 있다. 약 1,300세대가 입주하면 상권을 이용하는 인구는 더 늘어날 수밖에 없다. 지금도 좋은 입지인데 향후 매출은 지금보다 훨씬 기대해볼 만하다. 자연히 창업 수요도 늘어날 것이며 고층까지 공실이 적게 유지되면서 업종 구성은 더욱 알차게 채워질 것이다.

사실 이 상권의 잠재력은 토지이용계획도가 처음 공개됐을 때부터 예측 가능했다. 갑자기 변한 것이 아니라 이미 10여 년 전부터 발전 경로가 뚜렷하게 보였던 곳이다. 나 역시 오래전부터 이곳을 현장 교육 코스로 다니며 분석하고 추천해왔다.

이런 입지는 분양 이후에도 임대료가 꾸준히 상승할 수밖에 없다. 안정적인 수익을 원하는 투자자는 입지 우수성을 확인한 뒤 적정가에 매수하는 전략을 취하면 된다. 반대로 조금 더 공격적인 투자자는 분양 초기 단계에서 좋은 입지를 선점해 고수익을 노린다.

가장 이상적인 선택은 1층 코너 자리이긴 하지만 현실적으로는 분양가가 높아 쉽게 접근하기 어렵다. 특히 신도시 상가는 인접 도시보다 분양가가 높은 편이다. 이럴 때는 굳이 1층만 고집하지 말고 3층이나 4층 같은 중층을 노려보는 것도 좋은 전략이다.

상가투자,
3층에서 답을 찾다

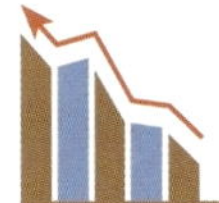

📍 신도시 상가, 1층만 고집하지 말자

나는 일반 매매보다 경매나 공매에서 투자 기회를 찾는 편이다. 남들이 잘 알지 못하거나 어렵다고 느끼는 시장에서는 경쟁이 줄어들고 '진주 같은 물건'을 발굴할 가능성이 크기 때문이다.

지금까지 보유하고 있는 김포 한강신도시 마산동의 3층 상가도 신탁공매로 매수하였다. 신탁공매는 어감 때문에 복잡해 보이지만 실제로는 일반 매매와 크게 다르지 않다. 건물이 지어질 때 신탁사가 부동산을 관리하는 경우가 있다. 이런 경우 건축주의 자금 사정에 문제가 생겨 분양이 지연되고 대출 이자 납부가 중단되면 채권은행은 신탁사에 매각을 요청하고 신탁사는 공개 매각 절차를 밟는다. 자산관리공사(캠코)를 거치거나 신탁사가 직접 진행하는데 이것이 바로 신탁공매이다. 낙찰자는 최고가 입찰자로 선정되고 일정 기한 내에 계약금·잔금을 납부한 뒤 신탁사와 매매계약을 체결하고 소유권을 이전받는다.

마산동 상가는 처음 봤을 때부터 확신이 들었다. 일단 상가 주변에 초등학교와 중학교가 있어 학원가가 형성되기 좋은 조건을 갖추고 있었다. 또한 주변 아파트 단지가 안정적인 배후세대를 이루고 있어 항아리 상권 구조가 자연스럽게 만들어졌다. 게다가 출퇴근 시간마다 사람들이 몰리는 사거리 코너에 위치해 가시성과 접근성까지 뛰어났다. 신탁공매가 아니었다면 진작에 매매되었을 법한 입지였다.

김포 마산동 상가 주변의 세대수와 출퇴근 동선

출처 : 카카오맵

이 상가의 주변 조건을 요약하면 다음과 같다.

마산동 해당 상가 주변 조건
① 약 5,000세대의 배후 아파트
② 항아리 상권
③ 사거리 코너 입지

해당 상가는 122평 규모였는데 당시 이 정도 면적의 상가 감정평
가액은 약 13억 원이었다. 하지만 반복된 유찰 끝에 관심을 받지 못
하고 있었고 결국 나는 감정평가액의 65% 수준인 7억 2천만 원에 손
에 넣었다.

신도시 분양 상가의 1층 분양가는 평당 7천만 원을 훌쩍 넘어 적
게 잡아도 10억 원 이상이 필요하다. 투자자 입장에서 큰 부담이고
월세를 충분히 받지 못하면 수익률 관리도 어렵다. 그래서 나는 신도
시나 분양상가의 경우 처음부터 3~4층, 즉 중층을 노리곤 한다. 1층
대비 약 30% 수준의 가격에 매수할 수 있고 입지가 좋은 코너 3층 상
가는 병의원 업종의 수요가 꾸준하기 때문이다.

당시 주변 3층 분양가는 평당 1,000만 원을 넘었지만 나는 평당
590만 원에 매입해 매입 순간 3억 원 이상의 수익을 확보했다. 이후
매수 문의가 이어졌지만 대출을 적극 활용해 투자금이 적게 들어간
물건이었기에 서두르지 않았고 지금까지 임대 수익을 내며 추이를
지켜보고 있다.

분양 상가의
함정

📍 눈속임에 가까운 '완판'의 유혹

간혹 실제 가치에 비해 턱없이 높은 분양가에도 불구하고 '분양 완판'이라는 문구가 붙어 있는 상가가 있다. 대형 플래카드에는 병의원, 유명 프랜차이즈, 통신회사 등이 '입점 확정', '선임대 계약 완료'라는 문구가 큼지막하게 적혀 있다. 이런 문구는 상가를 갖고 싶어 하는 사람들에게 강력한 유혹으로 작용한다. 누구라도 "저 상가 하나쯤은 내 걸로 만들고 싶다."라는 욕심에 당장 계약금을 넣고 싶어지기 마련이다.

특히 상가투자에 발을 들이려는 사람은 '분양 완판'이라는 문구를 보면 그 상가가 곧 황금알을 낳을 것처럼 보이기 시작한다. 그러다 보면 지금 계약금을 넣어야 늦지 않겠다는 조급함이 생기고 수익보다는 소유에 대한 욕심이 앞서기 쉽다. 이때 잠깐 숨을 고르고 정말 가치에 걸맞은 분양가인지, 아니면 포장된 수익률에 속고 있는 것인지부터 점검해야 한다.

프랜차이즈가 입점해 있다고 해도 무조건 안전한 건 아니다. 대형 브랜드가 들어오면 안정적일 것이란 기대가 있지만 실상은 다르다. 프랜차이즈 매장은 인테리어부터 장비까지 초기 시설비가 많이 들기 때문에 대부분 장기 운영을 전제로 하는 것은 사실이다. 하지만 장사가 안 되면 2년 계약 만료 시점을 기점으로 임대료를 감당하지 못하고 떠나는 경우도 많다. 특히 임대료가 지나치게 높은 상가는 아무리 유명 브랜드라도 오래 버티지 못한다.

저금리 시대에는 수익률이 낮아도 분양이 잘됐다. 분양가는 해마다 인상되었고 개발 호재와 미래 가치라는 명목으로 투자자들은 높은 가격에도 상가를 분양받았다. 하지만 금리가 급등하면서 상황이 달라졌다. 대출 이자 부담이 커지면서 낮은 임대 수익률로는 분양이 쉽지 않게 되었다. 수익률이 기준이 되는 시장으로 바뀐 것이다.

📍 '임대료 지원'이라는 숨겨진 리스크

분양을 원활하게 하기 위해 등장한 새로운 카드가 있다. 바로 '2년간 임대료 지원'이라는 달콤한 조건이다. 수익률을 맞추기 위해 분양사가 일정 기간 임차인에게 월세를 대신 내주는 구조이다.

임차인은 시장가보다 훨씬 낮은 실임대료만 내고 영업을 하고, 나머지 차액은 분양사가 보조해주는 식이다. 겉보기에는 수익률이 안정적인 것처럼 보이지만 문제는 이 꿀 같은 기간이 끝나고 나서이다. 임대료 지원 기간이 끝나면 대부분의 상가는 공실 위험에 고스란히 노출된다. 시장 임대료보다 높은 수준으로 책정된 임대료를 받아야 분양가에 맞는 수익률이 나오는데 정작 실제 수요는 그 수준을 감당할 만큼 크지 않기 때문이다.

마곡역 근처의 한 사례를 살펴보자. 평당 1억 1천만 원이라는 고가에 분양된 이 상가에 롯데리아가 입점했다. 안정적인 프랜차이즈였지만 실상은 2년간 임대료 지원을 받으며 간신히 버텼을 뿐이었다. 지원이 끝나자마자 롯데리아는 곧바로 문을 닫았다. 높은 임대료를 더 이상 감당할 수 없었던 것이다.

롯데리아 같은 대형 프랜차이즈조차 감당할 수 없었던 임대료라면 다른 임차인들은 말할 것도 없다. 이후에는 공실이 생기고 분양받은 투자자는 대출 이자와 관리비를 홀로 떠안게 된다. 애초에 분양가가 높았기 때문에 매도도 쉽지 않다.

토지이용계획표만 알면 신도시 투자가 쉬워진다

📍 분석이 쉬운 신도시 상가

상가투자를 처음 시작하는 사람이라면 누구나 가장 먼저 걱정하는 것이 바로 '공실'이다. 한 달, 두 달 비어있으면 그저 답답한 수준이지만 6개월이나 1년 동안 비어있게 되면 그 상가는 투자자가 떠안은 짐이 된다. 매달 나가는 대출 이자에 관리비 부담까지 얹히면 투자자는 상가 생각만 해도 스트레스를 받게 된다.

상가투자의 이상적인 시나리오는 단순하다. 공실 없이 임차인이 꾸준히 들어오고 매년 월세가 5%씩만 올라가면 된다. 이는 법적으로도 뒷받침된다. 상가건물임대차보호법에는 임대료 인상률이 연 5% 이내로 제한되어 있다. 만약 10년 동안 꾸준히 임대료가 올라가고 공실이 한 번도 없다면 상가의 매도 금액은 당연히 올라가고 수익률도 탄탄하게 유지된다. 이런 상가를 선별해서 투자하는 것이 이상적인 투자자의 전략이다.

주거형 부동산은 사정이 급하면 임대료를 대폭 낮춰서라도 세입자를 구할 수 있다. 지하방이라도 시세보다 저렴하게 내놓으면 누군가는 들어온다. 하지만 상가는 다르다. 월세를 낮춰도 상가에 들어오려는 사람이 없을 수 있다. 장사를 해도 수익이 안 나는 입지라면 무료로 빌려줘도 안 들어오는 게 상가이다. 그러다 보니 공실 스트레스로 투자자는 멘탈이 무너지고, 결국 "상가투자? 무서워서 못 해."라는 결론에 도달하게 된다.

하지만 신도시 상가는 분석이 쉽고 명확하기 때문에 이러한 리스크를 어느 정도 피할 수 있다. 이미 도시 계획 단계에서 아파트 세대수, 학교 위치, 도로 동선, 상가 배치 구역이 모두 공개되기 때문이다. 입지의 중심이 어디가 될지, 어떤 길이 주 동선이 될지를 미리 예측할 수 있으므로 구도시처럼 과거의 상권 흐름을 거슬러 올라가며 복잡하게 분석할 필요가 없다. '계획된 미래'를 읽는 것만으로도 투자 판단의 큰 그림을 그릴 수 있다는 점에서 신도시는 상가투자에서 가장 분석하기 쉬운 대상이다.

📍 토지이용계획표만 제대로 읽어도 절반은 간다

앞에서 다루었던 토지이용계획서에 대해 좀 더 자세히 알아보자. 주택과 상가의 비율, 학교나 공원 같은 공공시설의 면적, 도로망 구

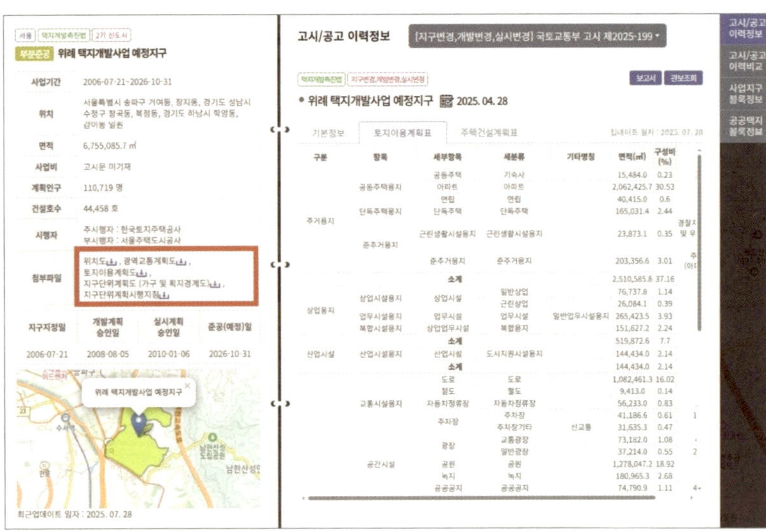

구분	항목	세부항목	세분류	기타병청	면적(㎡)	구성비(%)
주거용지	공동주택용지	공동주택	기숙사		15,484.0	0.23
		아파트	아파트		2,062,425.7	30.53
		연립	연립		40,415.0	0.6
	단독주택용지	단독주택	단독주택		165,031.4	2.44
	준주거용지	근린생활시설용지	근린생활시설용지		23,873.1	0.35
		준주거용지	준주거용지		203,356.6	3.01
	소계				2,510,585.8	37.16
상업용지	상업시설용지	상업시설	일반상업		76,737.8	1.14
			근린상업		26,084.1	0.39
	업무시설용지	업무시설	업무시설	일반업무시설용지	265,423.5	3.93
	복합시설용지	복합시설	상업업무시설		151,627.2	2.24
	소계				519,872.6	7.7
산업시설	산업시설용지	산업시설	도시지원시설용지		144,434.0	2.14
	소계				144,434.0	2.14
교통시설용지		도로	도로		1,082,461.3	16.02
		철도	철도		9,413.0	0.14
		자동차정류장	자동차정류장		56,233.0	0.83
		주차장	주차장		41,186.6	0.61
			주차장기타	신교통	31,635.3	0.47
		광장	교통광장		73,182.0	1.08
			일반광장		37,214.0	0.55
공간시설		공원	공원		1,278,047.2	18.92
		녹지	녹지		180,965.3	2.68
		공공공지	공공공지		74,790.9	1.11

택지정보시스템에 들어가 사업지구명을 검색하면 토지이용계획표와 지구단위계획 등 각종 고시·공고문을 확인할 수 있다.

위례신도시의 토지이용계획표와 토지이용계획도

구분				기정		변경			구성비
				면적 (㎡)	구성비 (%)	면적(㎡)			(%)
						계	1단계	2단계	
	종 계			6,753,452.9	100.0	6,753,452.9	3,870,576.2	2,882,876.7	100.0
주택건설용지	소계			2,497,730.6	36.9	2,497,730.6	1,643,486.6	854,244.0	36.9
		단독주택		169,311.0	2.5	169,311.0	91,329.0	77,982.0	2.5
	공동주택	계		2,102,848.7	31.1	2,102,848.7	1,346,337.7	756,511.0	31.1
		아파트		2,062,433.7	30.5	2,062,433.7	1,305,922.7	756,511.0	30.5
		연립주택		40,415.0	0.6	40,415.0	40,415.0	–	0.6
	근린생활시설			22,214.6	0.3	22,214.6	19,016.6	3,198.0	0.3
	준주거			203,356.3	3.0	203,356.3	186,803.3	16,553.0	3.0
공공시설용지	소계			4,255,722.3	63.1	4,255,722.3	2,227,089.6	2,028,632.7	63.1
	상업업무시설용지	계		543,187.9	8.1	543,187.9	179,258.9	363,929.0	8.1
		일반상업용지		113,811.8	1.7	113,811.8	45,043.8	68,768.0	1.7
		근린상업용지		26,084.1	0.4	26,084.1	26,084.1	–	0.4
		일반업무시설용지		347,852.9	5.2	347,852.9	89,866.9	257,986.0	5.2
		유통업무시설용지		34,464.1	0.5	34,464.1	18,264.1	16,200.0	0.5
		복합용지		20,975.0	0.3	20,975.0	–	20,975.0	0.3
	도시지원시설용지			144,612.0	2.1	144,612.0	–	144,612.0	2.1
	도로			1,099,215.1	16.3	1,098,479.1	633,832.4	464,646.7	16.3
	신교통			36,364.3	0.5	36,364.3	18,052.3	18,312.0	0.5
	주차장			41,191.1	0.6	41,191.1	7,808.1	33,383.0	0.6
	자동차정류장			56,233.0	0.8	56,233.0	–	56,233.0	0.8
	교통광장			45,119.0	0.7	45,119.0	–	45,119.0	0.7
	일반광장			39,383.6	0.6	39,383.6	31,656.6	7,727.0	0.6
	공원			1,254,065.2	18.6	1,254,065.2	772,890.2	481,175.0	18.6
	녹지			208,489.6	3.1	208,489.6	87,089.6	121,400.0	3.1
	공공공지			108,776.6	1.6	108,776.6	51,318.6	57,458.0	1.6

		구성비
	종 계	100.0
주택건설용지	소계	36.9
	단독주택	2.5
	공동주택 계	31.1
	아파트	30.5
	연립주택	0.6
	근린생활시설	0.3
	준주거	3.0

성까지 도시를 구성하는 큰 그림이 모두 이 표 안에 들어 있다.

위례신도시처럼 택지개발지구로 조성된 곳은 '지구단위계획' 안에 포함되어 있고 '택지정보시스템'에 접속하면 누구나 열람할 수 있다. 위례신도시의 토지이용계획표를 보면 전체 면적 중 36.9%가 주택용지이다. 그중 아파트 비율만 30%가 넘는다. 이는 서울과 수도권의 주택 문제 해결을 위해 설계된 도시라는 사실을 단적으로 보여준다. 1기 신도시였던 일산과 분당의 아파트 비율이 20~24%였던 점과 비교하면 위례신도시는 아파트 중심 신도시이다.

그렇다고 '아파트 세대수가 많으니 상가도 잘 되겠지.'라고 섣부른 판단을 해서는 안 된다. 사람이 많으면 소비도 늘어나지만 상가의 수가 적절해야 한다는 전제가 필요하다. 상가 공급이 많으면 임차인을 찾기 어려워 공실이 생기고 공실이 늘어나면 임대료를 낮춰야 한다. 임대료가 낮아지면 결국 상가의 매매가도 하락하게 된다. 투자자 입장에서는 손해를 보게 되는 구조이다.

　그렇다면 적정 상가 비율은 어느 정도일까? 1·2기 신도시를 전수 조사한 결과를 보면 상업용지 비율이 2.5%를 넘으면 공실 문제가 본격화된다. 하지만 이 수치 안에 들어오는 계획도시는 드물다. 보통 상업·업무시설 비율은 5% 내외인 경우가 많고 단지 내 상가나 근린생활시설까지 포함하면 체감 상가 밀도는 훨씬 높아진다.

　위례신도시도 마찬가지이다. 토지이용계획표상 상업지역 비율만 보면 상가가 적어 보일 수 있다. 하지만 주택건설용지 안에 숨어 있는 단지 내 상가나 준주거지의 상가, 근린생활시설까지 포함하면 실질적인 상가 공급량은 훨씬 많아진다. 이처럼 숨어 있는 상가용지를 모두 더해 분석하지 않으면 투자 판단 시 큰 실수를 할 수 있다.

　1기 신도시인 일산신도시는 상가 공급이 많은 대표적인 사례이다. 토지이용계획표를 살펴보면 순수한 상업용지 비율은 약 2.8%이고

일산신도시의 상업지역과 업무지역

일산신도시의 토지이용계획표(편집본)

구 분		면적(천m²)	구성비(%)
합 계		15,736	100.0
주택관련용지	소 계	5,261	33.5
	단독주택	1,370	8.7
	연립주택	546	3.5
	아파트	3,089	19.6
	복합용도	186	1.2
	근린생활시설	70	0.5
상업·업무용지	소 계	1,233	7.8
	근린상업	91	0.6
	일반상업	207	1.3
	중심상업	146	0.9
	업무용지	789	5.0

여기에 업무시설 일부, 근린생활시설, 복합용도 구역 등을 포함하면 상가 관련 용지가 5%를 훌쩍 넘는다. 아파트 단지 내 상가나 상가주택까지 감안하면 사실상 상가가 없는 블록을 찾기 어려울 정도이다.

앞의 지도를 보면 상권(빨간색)과 업무지역(파란색)이 전체 면적의 상당 부분을 차지한다. 거주자 입장에서는 편리하지만 상가 투자자 입장에서는 지나치게 높은 상가 밀도가 독이 될 수 있다. 많은 상가가 들어선 지역일수록 공실률이 높고 경매로 넘어가는 사례도 자주 발생한다. 즉 과잉된 공급은 투자 실패의 전조이다.

상가의 수요는 곧바로 발생하지 않지만 상가는 일단 지어지면 없앨 수 없다. 따라서 계획도시 상가투자에 성공하려면 토지이용계획표와 지구단위계획의 수치로 판단해야 한다.

3기 신도시,
이것이 다르다

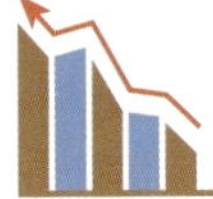

📍 3기 신도시, 또 하나의 큰 무대가 열린다

서울을 중심으로 동서남북에 걸쳐 약 330만㎡(100만 평) 규모의 3기 신도시 계획이 발표되었고 대표 지역으로는 남양주 왕숙·왕숙2, 하남 교산, 인천 계양, 고양 창릉, 부천 대장이 있다. 이와 함께 GTX, 지하철 등 교통 대책도 동시에 발표되어 입주 초기의 불편을 최소화하려는 노력이 돋보인다. 더 나아가 신도시 내부에 지식산업센터와 산업단지를 배치해 '직주근접형 자족형 도시'의 기능까지 갖출 예정이다. 자족형 도시는 주거와 일자리가 가까운 곳에 있는 도시를 말한다. 이는 단순히 주택을 공급하는 차원을 넘어 수도권의 장기적 주거 안정과 일자리 분산을 동시에 꾀하는 전략이다.

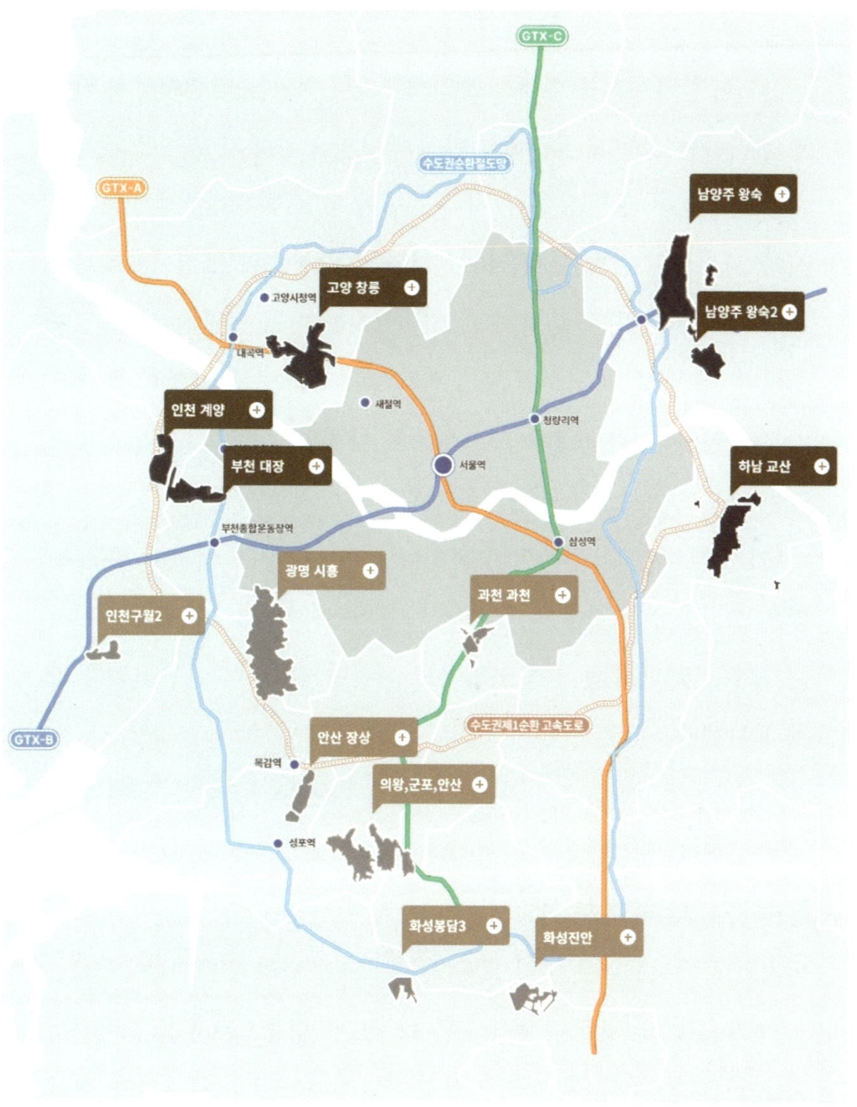

GTX-C
GTX-A
수도권순환철도망
남양주 왕숙
고양 창릉
고양시청역
남양주 왕숙2
내곡역
인천 계양
새절역
청량리역
부천 대장
서울역
하남 교산
부천종합운동장역
광명 시흥
삼성역
과천 과천
인천구월2
안산 장상
수도권제1순환 고속도로
GTX-B
목감역
의왕,군포,안산
성포역
화성봉담3
화성진안
출처 : www.3기신도시.kr

📍 1~3기 신도시 투자의 함정과 기회

신도시 상가투자는 대부분 분양사무소나 인근 공인중개사의 권유로 접근하는 경우가 많은데 제한된 정보만으로 투자 결정을 내리면 손실 가능성이 매우 크다. 그러나 경험이 쌓인 투자자에게는 계획도시야말로 좋은 기회를 제공하는 지역이다. 지도와 토지이용계획도 등 공개된 자료만 잘 분석해도 좋은 입지를 미리 선별할 수 있기 때문이다. 다만 몇 개 도시만 보고 똑같이 추측하는 '붕어빵식 접근'은 매우 위험하다. 겉보기엔 좋아 보여도 실제로는 수요가 뒷받침되지 않는 입지도 있으므로 신중해야 한다.

1기 신도시는 주거 안정이 목적이었지만 교통과 일자리 부족 등 많은 부작용을 남겼다. 이런 아픈 교훈을 바탕으로 2기 신도시에서는 직주근접 개념을 본격 도입하고 산업단지와 지식산업센터를 함께 배치했다.

3기는 한 발 더 나아가 자족성과 친환경성을 강조했다. 공원과 녹지를 곳곳에 배치했으며 산업·R&D 용지 비율을 9~10%까지 끌어올린 곳도 있다. 이는 판교(약 7%)를 넘어서는 수준으로, 어떤 산업단지가 들어서느냐에 따라 도시 가치가 크게 달라질 것이다.

3기 신도시의 공동주택 비율은 15~22% 수준으로 1기와 비슷하고 2기보다는 낮다. 이는 인구 감소를 고려해 조절한 결과이다. 결국 상가의 안정성은 공동주택과 상업용지의 비율이 얼마나 적절히 맞춰지느냐에 달려 있다. 상업용지가 과도하게 많으면 공실 위험이 커지고 부족하면 상권이 성장하기 어렵다. 따라서 투자자는 아파트와 상업시설의 비율, 그리고 자족형 산업단지와의 시너지를 함께 고려해야 한다.

3기 신도시는 2030년 이후까지 단계적으로 공급되므로 앞으로 5년은 지속적인 이슈가 될 가능성이 크다. 하지만 성급한 접근은 큰 낭패로 이어질 수 있다. 이미 많은 분양 상가와 지식산업센터가 공실 문제로 어려움을 겪고 있다는 점을 떠올려야 한다. 초보 투자자일수록 조급함을 버리고 입지와 수요를 면밀히 분석하는 습관을 길러야 한다.

3기 신도시 상권 분석 1.
고양창릉신도시

📍 왕릉과 미래 도시가 만나는 곳, 고양창릉신도시

고양창릉신도시는 조선시대의 대표적인 왕릉인 서오릉, 홍릉, 창릉(예종과 안순왕후) 주변에 조성되는 신도시이다. 왕릉을 도시의 정체성으로 삼은 만큼 한옥형 단독주택과 점포 겸용 주택이 일부 도입될 예정이며 이는 가까운 은평뉴타운의 전통 주택 디자인과 유사하다. 이러한 '왕릉 신도시'라는 콘셉트는 한국적인 전통미를 강조하는 브랜드 도시로 발전할 가능성을 엿볼 수 있게 해준다.

고양창릉신도시는 서울 은평구와 직선거리가 약 1km로 사실상 서울 생활권이다. 향동지구, 원흥지구, 행신동, 화정동 등 이미 형성된 택지 및 구도심과도 인접해 있다. 신도시의 설계 방향도 이들 기존 도시와 자연스럽게 연결되는 도시 구조로 이루어져 있다.

이러한 연결성은 도시계획 측면에서도 전략적인 판단이다. 신도시가 기존 도시와 단절되어 섬처럼 고립되면 방치되거나 슬럼화될 가능성이 높기 때문이다. 고양창릉신도시는 주변과의 연계를 통해

고양창릉신도시 지구단위계획의 한옥형 단독주택 조성 방향

구분		조성 방향
한옥형 단독주택	주거전용	- 한옥문화마을 내 주거용도는 근생시설 용도와 상충되지 않도록 정주여건 마련 - 공동마당 / 주차장 계획을 통한 현대식 한옥마을 조성
	점포겸용	- 상업·문화·체험시설과 한옥형 단독주택의 용도가 복합된 시설로 조성 - 순창천을 중심으로 다양한 체험 공간 조성을 통해 서오릉 역사문화체험축 조성

고양창릉신도시 예정지

출처 : 네이버지도

단일 생활권으로 통합될 가능성이 크며 향후 화정·행신 등 구도심 주민들도 창릉의 상권과 시설을 이용할 것으로 보인다.

고양창릉신도시는 망월산, 창릉, 창릉천 등 자연지형을 중심으로 설계되어 녹지와 수변공간이 도시 전체를 감싸는 구조이다. 향동지구와는 산 하나를 경계로 맞닿아 있다.

도시 구조에서 눈에 띄는 점은 주거지를 사이에 두고 업무용지를 일자 형태로 배치한 독특한 방식이다. 일반적으로는 주거지 옆에 방음벽이나 완충녹지를 두는 것이 일반적이지만, 창릉의 조감도에서는 업무용지가 아파트용지 사이에 들어서 있는 것을 볼 수 있다. 이는 업무용지가 오피스보다는 오피스텔로 활용된다면 괜찮은 배치지만 그렇지 않다면 다소 파격적인 구성이다.

📍 고양창릉신도시 투자 포인트

3기 신도시 홈페이지(www.3기신도시.kr) 정보를 기준으로 하여 주요 투자 포인트를 정리해보겠다.

고양창릉신도시 토지용지별 비율

용지구분	면적(천m²)	구성비(%)
아파트	1,370	18.8
근린생활시설	86	0.9
상업시설	40	0.5
자족시설	281	3.2

상가투자와 관련된 핵심 포인트는 '생활권 특화계획권역'이다. 과거 신도시 개발에서 '시범단지'에 해당하는 개념으로, 도시 내에서 상권이 가장 빠르게 자리를 잡고 집값과 임대료를 리드하는 핵심지가 될 가능성이 크다.

고양창릉신도시에서는 전체 14개 단지로 구성되어 있는 곳이 여기에 해당한다. 녹지와 호수공원을 품은 단지 중심에 위치해 있으며 도보로 단지 전체를 순환할 수 있는 구조를 갖췄다. 위례신도시의 '휴먼링'과 유사한 설계로 특화 거리, 편의성 높은 건물 구조 등이 예정되어 있다.

고양창릉신도시의 중심은 창릉역이 들어서는 중심복합지구이다. 이곳에는 40층 내외의 고층 건물이 다수 들어서고, 숙박·업무·상

고양창릉신도시의 중심복합지구

업·문화시설이 함께 조성될 예정이다. 특히 눈에 띄는 점은 수변 자락에 대규모 업무시설을 배치했다는 것이다. 보통 수변에는 저층 상가가 들어서는 경우가 많은데 창릉은 고층 건물까지 허용해 새로운 스카이라인을 계획하고 있다.

마곡나루역의 대형 선큰광장에서 착안한 선큰 구조의 지하철역은 외부와의 연결성을 높이고 웅장한 도시 이미지를 강화한다. '선큰'은 영어 'sunken'을 음차한 것으로 지면보다 낮은 위치에 조성된 개방형 광장을 뜻한다. 이처럼 기존 신도시와 차별화된 계획으로 전통성과 현대성을 동시에 담아내려는 시도를 하고 있다.

고양창릉신도시는 3기 신도시 중에서도 특히 생활형 상권 중심의 실속 투자처로 주목받고 있다. 전철역과 가까운 위치에 점포 겸용 단독주택용지(R1·R2)가 들어설 예정인데, 최대 4층까지 건축이 가능하며 1층은 상가로 활용하고 상층부에는 최대 5세대의 주거 공간을 넣을 수 있다. 세대당 50만 원의 월세만 받아도 주거 임대수익이 월 250만 원이고, 여기에 1층 상가에서 월 300만 원 수준의 임대 수익이 발생하면 총 500~600만 원의 임대수익이 가능하다. 은퇴 후 안정적인 현금흐름을 원하는 실수요자에게도, 소형 건물주를 꿈꾸는 투자자에게도 매력적인 모델이 될 수 있는 투자처이다.

여유 있는 삶을 선호한다면 서오릉 한옥문화마을의 한옥 단독주택용지도 눈여겨볼 만하다. 전통 한옥과 현대 생활공간이 결합된 새로운 주거 형태를 경험할 수 있는 곳이다.

창릉의 자족용지에는 '창릉테크시티'가 들어서 상당수의 일자리가 창출되면서 자족 기능을 강화할 것으로 보인다. 다만, 지식산업센터 공급은 변수이다. 인근 지역에서 이미 공실이 많아 초기 수요를 흡수하기 어려울 수 있기 때문이다. 따라서 지식산업센터 투자는 조심스러운 접근이 필요하다.

다음 토지이용계획도를 보며 고양창릉신도시의 상권을 분석해보자. 고양창릉신도시는 상권이 도시 전역에 분산 배치된 구조이다. 중심인 창릉역 복합지구에 업무시설과 함께 주요 상권이 자리 잡게 되지만 도시 곳곳에 주상복합 건물과 상가들도 자리 잡을 것으로 예상된다.

이 신도시는 역세권보다는 아파트 단지를 기반으로 한 생활형 상권이 더 중요하다. 상가의 토지 용도는 일반상업지역으로 지정되어 있으며 기존 덕양구 원도심과 맞닿아 있어 원도심 배후세대를 신도시 상권으로 끌어들이려는 전략이 엿보인다.

이런 배치 덕분에 창릉은 초기 상권 형성 속도가 빠를 가능성이 높다. 또한 대규모 상업시설은 이미 스타필드, 이케아 등 주변에 충분히 존재하기 때문에 창릉 내부 상권은 생활밀착형으로 성장할 전망이다.

상권의 핵심인 근린생활시설(근생시설)은 가장 넓은 지역에 분산되어 있다. 도시 구조상 다소 복잡하고 기존 택지지구들과 연결된 구간이 많기 때문에 대규모 상권 조성은 포기하고 개별 상가를 중심으로 조성하는 전략을 선택한 것으로 보인다. 이러한 구조 덕분에 투자 포인트가 곳곳에 분포한 것은 투자자에게 장점으로 작용할 수 있다. 단지 내 상가 역시 일반적인 배치가 아닌 '특화 거리'를 중심축으로 구성된 곳들이 곳곳에 자리해 입지를 잘 고르면 우수한 투자처를 찾을 수 있을 가능성이 높아 보인다.

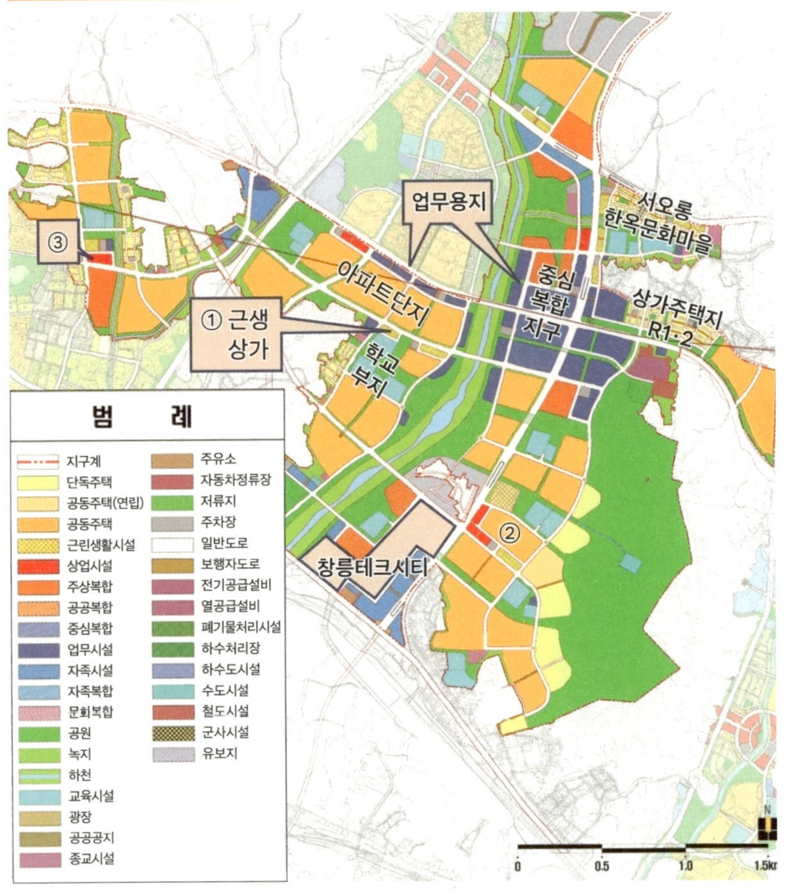

①번 근린생활시설 구역은 초·중·고 학교 타운과 아파트 단지 사이에 위치해 학원가와 생활형 상권으로 성장할 것으로 보인다. 5층 미만의 생활형 상권으로 조성될 가능성이 높으며 1층에는 중형 마트나 다양한 식음료 브랜드, 분식 업종이, 중층대에는 내과, 소아과, 치과 등 병원이 들어설 것으로 예상된다. 특히 코너 건물의 3층은 가성비 높은 투자처로 주목할 만하다.

②번 구역도 5층 미만의 근린생활시설이 들어서는 생활형 상권으로 조성될 전망이다. 이 구역 코너 건물 중층대는 의원과 학원이 들어서기 좋고 공실 위험이 낮은 안정형 투자처이다.

③번 구역은 상업지역과 근린생활지역이 혼재된 곳으로 5~10층 규모의 상가가 집중 배치될 예정이다. 행신동과의 뛰어난 연결성과 잘 정비된 도로 인프라가 강점이다. 주변에 아파트 단지가 이미 조성되어 있어 건축 속도도 빠를 것으로 예상된다. 공격적인 투자자라면 주목할 만한 지역이다.

고양창릉신도시의 경쟁력은 수요 유입 구조이다. 행신동, 원흥지구, 삼송지구와의 긴밀한 연결을 통해 대규모 배후세대를 확보할 수 있는 구조적 이점을 갖췄다. 신도시 상권 특유의 최신 트렌드 업종 입점 효과도 기대해볼 만하다. 주변 기존 도시 주민들에게 매력적인 쇼핑 목적지로 어필할 가능성이 크며 접근성만 뒷받침된다면 상당한 외부 유입이 예상된다.

특히 원흥지구는 장기적으로 고양창릉신도시에 흡수될 가능성이 크다. 실제로 아파트 브랜드명에 '창릉 ○○마을' 같은 이름이 붙을 가능성도 있다. 작은 택지지구보다 규모와 인지도를 갖춘 3기 신도시가 더 높은 브랜드 가치와 선호도를 가지게 되기 때문이다.

고양창릉신도시는 일산신도시를 능가하는 블록 단위의 대규모 주거지가 될 것으로 보이며 고양시의 또 다른 축으로 성장할 가능성도 높다. 초기 투자자라면 ①번과 ②번 같은 안정적인 생활형 상권이 적합하고, 다소 리스크를 감수하더라도 고수익을 기대하는 투자자라면 ③번 상업지역이 매력적인 공략지가 될 수 있다.

3기 신도시 상권 분석 2.
하남교산신도시

📍 하남교산신도시─산자락에 자리 잡은 친환경 도시

하남교산신도시는 하남 구도심 끝자락의 그린벨트 지역인 금암산과 객산 사이 골짜기를 중심으로 조성된다. 양쪽 산의 높이가 약 300m 내외라 공기가 맑아 친환경적인 도시가 될 것으로 기대를 모으고 있다. 다만 골짜기 지형의 특성상 평탄 작업이 어느 정도까지 진행되느냐에 따라 도시의 전체적인 풍경이 크게 달라질 수 있다. 고양 향동지구처럼 산 사이에 조성된 선례가 있긴 하지만 교산은 산세가 더 높아 일부 지역에서는 경사를 체감할 가능성이 있다. 그럼에도 불구하고 교산이 주목받는 이유는 서울 강동지역과 가깝기 때문이다. 이런 지리적 이점은 향후 집값 상승에 동력을 제공할 것으로 예상된다.

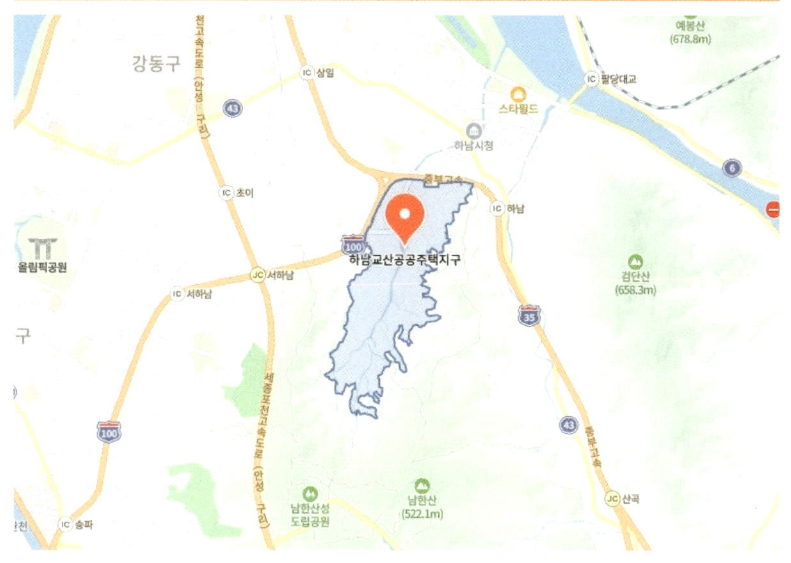

출처 : 네이버지도

📍 자족 기능과 산업 클러스터

하남교산신도시는 3기 신도시 중에서도 자족시설 비율이 높은 편에 속한다. 당초 계획은 10.8%였지만 이후 9%로 조정되었으며 아파트 비율도 18%에서 21%로 변경되었다. 그럼에도 자족시설 면적이 다른 지역에 비해 여전히 넓은 편이다. 원래 산업시설이 많았던 배경을 고려해 신도시 조성 이후 산업시설들이 재입주할 수 있도록 공간을 확보했기 때문이다. 기존 원도심 내 공장과 업체들을 이주시키기 위해 산업단지형 택지를 별도로 마련한 것이다. 이는 과거 미사지구에서 기업 이주를 위해 2지구를 추가 조성했던 사례와 유사하다. 해당 부지에 운영 중인 공장들이 한꺼번에 주변으로 이주하기에는 급격한 땅값 상승으로 인해 현실적인 어려움이 있다. 때문에 산업단지형 택지를 마련하여 이들의 빠른 명도와 이주를 지원하려는 것이다.

제조업부터 첨단산업까지 폭넓은 기업 활동이 가능한 최대 15층 규모 지식산업센터가 이곳에 들어설 것으로 전망된다. 또한 '웰니스 바이오 클러스터'를 조성해 바이오 특화 단지로의 성장을 추진 중이다.

다만 지식산업센터는 투자자 입장에서는 다소 우려되는 요소이다. 현재 미사신도시에는 약 25곳 이상의 지식산업센터가 운영 중이며 공실률이 높아지고 있는 상황이다. 공급이 이미 포화된 상황에서 이곳에까지 대규모 지식산업센터가 들어서면 임대료가 하락하고 수익률이 낮아질 가능성이 있다. 따라서 교산의 자족시설 내 지식산업센터 투자는 분양보다는 주변의 기존 지식산업센터를 경매로 매입하는 방식이 상대적으로 유리해 보인다.

📍 상가주택과 생활형 상권

교산은 대규모 상업시설이 중심이 되는 도시는 아니다. 토지이용계획상 상업시설 비율은 0.2%, 근린생활시설은 1.2%로 제한적이다. 이는 최근 전국적으로 문제가 되고 있는 상가 공실 문제를 고려한 신도시 설계 방향과도 연결된다. 대신 아파트 단지를 중심으로 생활밀착형 상가를 배치하여 소형 생활형 상권 도시로 구성할 것으로 예상된다.

하남교산신도시는 평지가 아니라 경사진 지형에 들어서는 만큼

용지구분	면적(천m²)	구성비(%)
아파트	1,141	21
근린생활시설	75	1.2
상업시설	14	0.2
자족시설	682	9

토지이용계획도에서도 독특한 배치를 확인할 수 있다. 산과 가까운 지역에는 아파트 단지와 자족시설이, 중심부에는 공공시설과 상가주택이 배치되어 있다. 상권 구조를 보면 지형적 조건 때문에 대규모 상업지역을 조성하는 데 한계가 있어 5층 규모의 근린생활시설이 곳곳에 분산된 생활형 상권이 주축을 이룰 전망이다. 특히 주상복합이 상권의 중추적 역할을 맡을 것으로 보인다.

게다가 주변에 이미 롯데백화점과 가락시장, 천호동 현대백화점, 하남 스타필드 등 대형 상업시설이 버티고 있다. 위례, 미사와도 가까워 교산 주민들이 굳이 내부 상권만 이용하지 않아도 되는 구조이다. 그러나 생활형 상가와 주상복합 상가는 지역 주민의 일상 수요를 충족시키는 상가이므로 안정적으로 자리 잡을 수 있다.

하남교산신도시 역시 고양창릉신도시와 마찬가지로 상가주택이 조성된다. 1층은 상가, 상층부는 최대 5가구 주거 공간으로 활용할 수 있는 구조로, 안정적인 임대수익 모델이 가능하다.

단지 내 상가에도 주목할 필요가 있다. 주상복합 형태로 상가가 배치된 곳들이 몇 곳 있으며 이들이 각 생활권의 상가 기능을 독점적으로 담당하게 될 가능성이 크다.

공공형을 포함해 무려 17개 필지에 주상복합이 계획되어 있고 이 중 4개 필지 정도는 행복주택 등 임대형 주상복합이 포함되어 있다. 일반 상가 부지는 단 두 곳에 불과하며 이마저도 주상복합에 둘러싸여 있다. 이렇게 교산 상권은 주상복합 상가 중심으로 구성될 가능성이 높다.

하남교산신도시의 핵심은 위쪽 중심에 자리한 중심복합블록이다. 이곳에는 아파트, 오피스텔, 상가가 들어서며 최고 60층까지 건축이 허용된다. 중심부에는 30~40층대 고층 건물들이 밀집할 전망이다. 또한 GTX-D 노선과 대규모 환승센터가 계획되어 있다. 다만 GTX-D 노선은 진행이 불확실해 BRT(Bus Rapid Transit) 체계가 실질적인 대안으로 추진되고 있으며 서울 주요 접근 수단은 5호선 하남검단산역이 될 것으로 보인다.

📍 하남교산신도시 투자 포인트

다음 토지이용계획도의 ①번 지역은 교산신도시의 최상단부에 위치한 곳으로 하남 구도심과 맞닿는 곳이다. 대규모 아파트 단지가 있고 홈플러스 등 기존 대형 쇼핑시설이 있는 하남과 인접해 있어 대형 상업시설의 입점 가능성은 낮다. 하지만 단지와 학교, 상가주택이 한 블록에 밀집되어 있어 생활형 상권이 자연스럽게 형성될 여지가 크다. 따라서 상대적으로 큰 비용 없이도 안정적인 상가투자가 가능한

하남교산신도시의 토지이용계획도

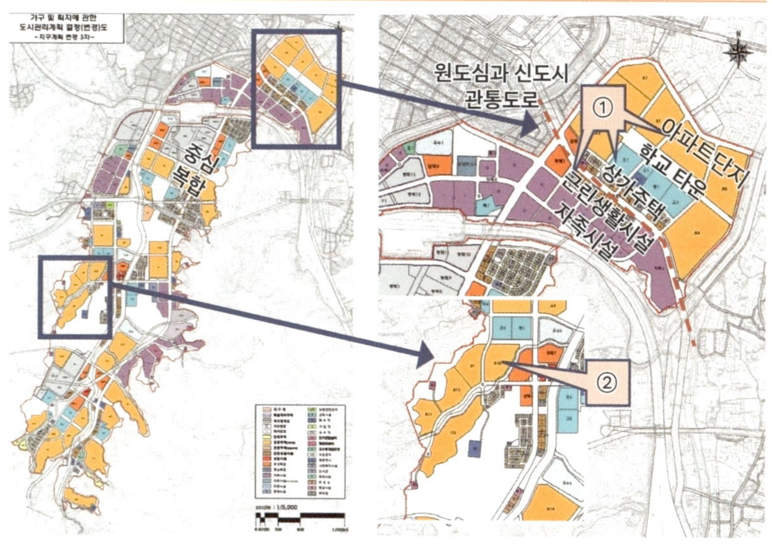

지역이라 할 수 있다.

이 지역은 단지 내 상가, 사거리 코너 상가, 단지 맞은편 코너 상가의 3가지 포인트가 유력해 보인다. 특히 도로 코너에 노출된 상가건물은 입지 가시성과 접근성이 뛰어나므로 초기에 빠르게 임차가 이루어질 가능성이 높다.

교산과 하남 원도심을 잇는 도로를 따라 위치한 곳들은 구도심에서의 접근 수요가 높아질 수 있다. 주변에 노후 건물과 거리들이 많기 때문에 신도시로 유입되는 유동 인구가 자연스럽게 증가하며 상권이 빠르게 자리 잡을 것으로 예상된다.

5층 미만의 근린생활시설에는 저층에 식음료 매장, 중층에 병의원, 상층에는 학원 등이 들어설 가능성이 높다. 교산은 교육 수요가

많은 지역으로 학원가 형성 여부에 따라 상권의 가치도 달라질 것
이다.

②번 지역에는 주상복합과 상가건물 몇 개가 조성될 예정이다. 중
심복합지구 다음으로 큰 상권이 형성될 수 있는 후보지로 배후에 아
파트 단지들이 밀집 예정이며 주거와 상업의 기능이 조화를 이루는
복합형 건축물들이 들어설 가능성이 높다. 이 건물들에는 병의원, 생
활 편의점, 프랜차이즈 위주의 업종들이 들어설 것으로 예상된다.

하남교산신도시는 지형 특성상 산으로 둘러싸여 있어 곳곳에 하
천이 조성될 예정이다. 조감도상 호수는 없지만 하천을 따라 조성되
는 수변 상가주택들도 향후 투자 유망지로 주목할 만하다.

3기 신도시 상권 분석 3.
인천계양신도시

📍 생활형 상가 vs 먹자·위락 상권

인천계양신도시는 다른 3기 신도시와 마찬가지로 주상복합 비중이 높은 편이며 상가주택 또한 1층 상가와 함께 상층부에 최대 주택 5가구까지 수용 가능하도록 계획되어 있어 투자 관점에서 접근성이 높다. 참고로, 서울 및 인근 신도시에서 5가구가 가능한 상가주택의 매매가는 약 30억 원 전후로 형성되어 있으며 토지 매입 후 직접 건축을 한다면 건축비를 감안해도 높은 수익률을 기대할 수 있다.

주거 비율이 높지 않기 때문에 인천계양신도시의 상권이 크게 활성화될 가능성은 낮아 보인다. 따라서 인천계양신도시 역시 아파트 단지 주변의 생활형 상권을 중심으로 투자를 하는 것이 바람직해 보인다. 도시 전체가 고립된 항아리형 구조이기 때문에 상권도 자연스

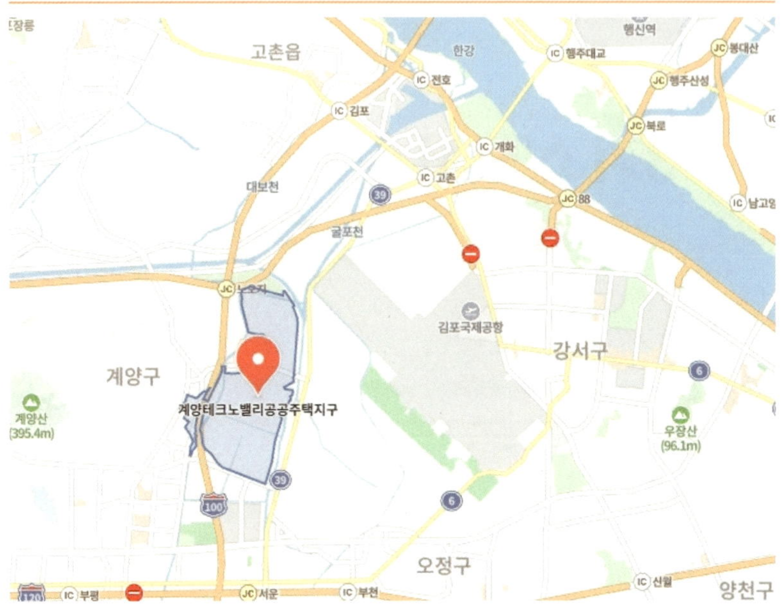

출처 : 네이버지도

인천계양신도시 토지용지별 비율

용지구분	면적(천m²)	구성비(%)
아파트	585	15.7
근린생활시설	24	0.7
상업시설	37	0.7
자족시설	661	15.2

럽게 항아리형으로 형성될 가능성이 높다. 하지만 아파트 비율이 낮고 지식산업센터를 포함한 산업단지의 비중이 높은 도시 구조이기 때문에 산업단지 중심으로는 먹자골목이나 유흥업종이 발달한 상권이 한 축을 이루고 주거 중심치에는 몇 개의 상가건물과 주상복합이

생활형 상권을 형성할 것으로 보인다.

한편 최근 공급 과잉으로 인해 지식산업센터가 공실 문제를 겪고 있다는 점을 고려하면 인천계양신도시에 조성되는 자족시설 역시 분양에 어려움을 겪을 가능성이 있다.

📍 인천계양신도시 투자 포인트

학교타운 옆 생활형 알짜 상가(①번)

다음 토지이용계획도를 보면 ①번은 학교타운과 대규모 아파트 단지가 인접한 생활 밀착형 근린상가이다. 파리바게뜨와 같은 프랜차이즈 브랜드가 입점하기 적합한 알짜 소형 상가로 보인다. 건물은 5층 규모로 조성될 예정이며 2~4층은 병의원, 학원, 체육시설 등 다양한 업종이 들어서기 적합하다.

특히 해당 상가는 앞으로는 신도시 아파트 단지, 뒤로는 원도심 아파트 단지가 맞닿아 있어 인구가 자연스럽게 흘러들 수 있다. 상가 옆 도로는 원도심과 신도시를 연결하는 통로 역할을 하여 연결성이 뛰어난 구조를 갖췄다. 이는 향후 상권 형성에 긍정적 영향을 줄 수 있다. 이 상가는 분양가가 변수이지만 초보 투자자에게도 추천할 수 있는 실속 있는 입지이다.

주상복합 중심의 코어 상권(②번)

②번은 주상복합이 들어설 예정인 사거리 핵심 입지이다. 인근에는 아파트 5개 단지와 초, 중, 고가 밀집되어 있고 그 중심에 주상복합이 들어서는 자리인 만큼 상권의 중심축 역할을 할 것으로 보인다. 다만 1가지 변수가 있다. 사거리 북쪽 방향으로 공원이 들어서는데 공원에 접한 주상복합들은 2층 이상은 테라스, 1층은 아케이드 형식

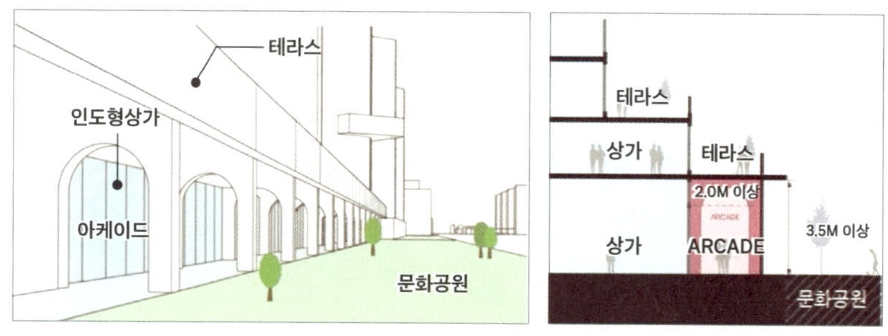

2층 이상은 테라스, 1층은 아케이드 형식의 상가로 구성될 예정인 공원에 접한 주상복합 건물

의 상가로 구성하려는 것으로 보인다. 공원 방향에 상가를 얼마나 배치하느냐에 따라서 ②번 상가의 규모가 달라질 것이다. 메인 상가를 어느 쪽에, 어느 정도로 배치할지는 건축주의 권한에 속한 문제이기 때문에 실질적인 변수로 작용할 여지가 있다.

현재 건축에 가이드 역할을 하는 '지구단위계획 시행지침'에는 주거 부분을 80% 이하로 조성할 수 있게 되어 있다. 총 685세대이고 30평형대가 384세대 내외, 30평형 이상이 300세대 정도로 구성될 것으로 보인다. 상업시설의 구체적인 비율은 확정되지 않았지만 최근 상가 과잉 공급에 대한 시장의 우려를 감안하면 전체 건축 면적의 20~30% 수준에서 상가가 조성될 가능성이 높다.

종합적으로 볼 때 ②번 자리는 인천계양신도시 안에서 가장 안정적인 입지로 평가된다. 주상복합이기 때문에 일반 상가건물에 비해 고급스럽고 세련된 건물과 상가들이 들어설 가능성이 높다. 더불어 주변 상가들을 압도하는 대표 업종들, 이른바 키테넌트(Key Tenant, 유동인구를 견인하는 주력 점포) 유치도 가능해 보인다.

2
구도심에도 알짜배기 상가가 숨어 있다

예측이 어려운
구도심 상권

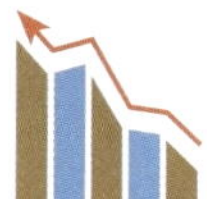

📍 도시의 잡탕밥, 구도심

신도시가 정해진 틀 안에서 움직인다면 구도심은 그야말로 계획과 무계획이 혼재되어 있다. 예를 들어 종로 일대는 오랜 시간 형성된 역사적 중심지이고 서울 외곽의 달동네는 1970~1980년대 산업화 시기에 자생적으로 형성됐다. 반면 목동, 중계, 개포, 반포 등은 정부 주도로 기획된 신도시였고 지금은 재건축과 재개발을 통해 새롭게 탈바꿈하는 중이다.

구도심은 역사적 중심지와 자연발생적인 골목, 정부 주도의 계획도시, 그리고 재개발이 진행 중인 곳이 한데 뒤섞여 있다. 마치 도시의 모든 얼굴이 혼재된 '도시 잡탕밥' 같다. 계속해서 낡은 주거지를 허물고 재건축·재개발이 이뤄지며 새로운 도시 형태가 나타나고 있기도 하다. 이처럼 구도심은 명확하게 정의 내릴 수 없고 그 복잡성 때문에 상권 분석도 어렵다. 실제로 지금까지도 구도심 상권을 완전히 분석할 수 있는 시스템이나 서비스는 존재하지 않는다.

그런데 재미있게도 구도심의 복고적인 분위기가 지금 MZ세대에게 가장 핫한 공간으로 떠오르고 있다. 재개발 대신 도시재생이라는 이름으로 골목상권이 되살아나는 현상이 늘어나며 허름한 동네로만 여겨졌던 곳들이 신흥 상권으로 떠오르는 중이다.

📍 신도시는 안정형, 구도심은 역전형 투자처

신도시 상가는 정해진 구역에만 상가가 들어서지만 구도심은 사람이 모이는 곳이라면 어디든 상가가 생긴다. 그래서 신도시 상가는 분석이 쉽다. 분양 도면, 용도 계획, 배후 인구 추정치만 봐도 투자가 가능해 초보자도 접근할 수 있다.

반면 구도심 상가는 예측이 어렵다. 어디에 어떤 상권이 열릴지를 알려면 데이터보다 현장감이 중요하다. 그래서 골목을 걷고, 사람을 보고, 건물 간 흐름을 읽는 현장 임장 능력이 반드시 필요하다. 하지만 이 말은 곧 기회는 여전히 남아 있다는 뜻이다.

구도심 상가는 무無에서 유有를 만들 수 있는 시장이다. 때로는 소규모의 리모델링, 한 줄의 기획, 한 명의 좋은 임차인 때문에 낡은 건물이 명소가 되는 마법도 일어난다.

신도시가 안정적인 월세형 자산이라면 구도심은 임대수익과 매매차익의 두 마리 토끼를 잡는 고수익 투자처이다. 실제로 우리가 '대박'이라 부르는 상가투자 사례 대부분은 구도심에서 탄생해왔다.

다만 그만큼 폭넓은 시야와 창의적인 발상이 필요하다. 즉, 전통적인 분석 방식만으로는 기회를 잡기 어렵다. 이제부터 구도심 상가투자 전략, 그리고 고정관념을 깨는 수익모델을 중심으로 구체적인 실전 사례를 살펴보자.

구도심 상가 투자하기 전 꼭 확인해야 할 것

📍 정화구역 – 핵심 상권에도 존재하는 '방방방' 금지선

'방방방'의 등장, 상권 지형을 바꾸다

1990년대, 대한민국은 IMF 위기를 지나며 상권 지형에 큰 변화를 맞이했다. 경제적 어려움과 동시에 사람들의 놀이 문화가 폭발적으로 확장된 시기였고 그 중심에는 노래방과 PC방이 있었다. 특히 PC 방은 전국적으로 광풍을 일으켰고, 프로게이머라는 새로운 직업군까지 등장하게 되었다.

이 두 업종은 지하나 고층 상가의 활용도를 끌어올리며 중고층 상가 시대를 열었다. '방방방(노래방·PC방·만화방)' 문화는 단지 유흥의 확산을 넘어 상권의 구조 자체를 변화시켰다. 여기에 새로운 소비세대인 X세대의 등장이 더해졌다. 저축이 미덕이던 기성세대와 달리 X세대는 해외 경험과 자기표현 욕구를 바탕으로 소비와 여가를 당당히 추구했다. 밤문화의 중심도 이들을 따라 이동했고, 맥주와 춤, 음악이 어우러진 음악카페와 클럽 문화가 상권의 한 축으로 자리 잡았다.

정화구역이라는 보이지 않는 장벽

하지만 무분별한 업종 확산은 결국 법과 제도라는 견제 장치를 불러왔다. 바로 교육환경보호구역, 일명 '정화구역'이다. 정화구역이란 학교의 보건·위생 및 학습 환경을 보호하기 위해 청소년에게 유해하다고 판단되는 업종의 입점을 제한하는 제도이다. PC방이나 노래방, 만화방 같은 업종이 이에 포함된다.

정화구역은 학교를 중심으로 2가지로 나뉜다. '절대보호구역'은 학교 출입문 기준으로 50m 이내, '상대보호구역'은 학교 경계선 기준으로 200m 이내(절대보호구역 제외)이다.

절대보호구역에서는 청소년 유해 업종은 영업이 금지된다. 단, 유치원과 대학은 적용 제외되는 시설들이 있다. 상대보호구역은 교육환경보호위원회(학교환경위생정화위원회) 심의를 통해 제한적으로 입점이 가능하다. 특히 초등학교 주변은 심의 기준이 까다롭기 때문에 아무리 유동 인구가 풍부한 상권이라도 업종 선정에 제약이 따른다.

간혹 정화구역 내에서 PC방이 영업 중인 경우가 있다면 그것은 교육환경보호에 관한 법률 제정 이전부터 이미 영업 중이던 곳이거나 교육청 심의를 통과한 경우일 가능성이 높다. 또한 해당 법 시행 전부터 운영되던 업종은 일정 조건 아래 영업 승계가 가능하기 때문에 권리금이 높게 형성되는 편이다. 단, 모든 업종이 승계 가능한 것은 아니므로 해당 업종이 영업 가능한지 여부는 반드시 관할 교육청에 확인해야 한다.

정화구역 대상행위 및 시설

구분	대상행위 및 시설	비고
절대적 금지 (해제 불가 행위 및 시설)	전화방, 성기구취급업소, 키스방, 전립선마사지, 유리방, 성인PC방, 휴게텔, 인형체험방	
상대적 금지 (심의 후 가능한 행위 및 시설)	유흥·단란주점, 호텔, 여관, 여인숙, 사행행위장, 경마장, 특수목욕장중 증기탕, 무도학원·무도장, 복합유통제공업(금지시설 포함 시)	
	당구장, 게임제공업, 멀티미디어문화컨텐츠 설비제공업, 미니게임기(대학만 적용 제외), 만화가게, 비디오물감상실(비디오물소극장업), 담배자판기, 노래연습장업	유치원과 대학은 적용 제외

정화구역은 '교육환경정보시스템' 홈페이지에서 확인하면 된다. 홈페이지 중앙의 검색창에 학교명을 입력하면 정화구역이 표시된 지도를 볼 수 있다.

핵심상권도 예외는 아니다

신촌, 홍대, 강남역 등 대한민국 대표 핵심 상권들도 정화구역의 제약을 받고 있다. 예를 들어 신촌의 서울창서초등학교 인근의 한 PC방은 교육청 심의를 통과하지 못하여 결국 영업주는 상가 출입구에 억울함을 호소하는 메시지를 남기고 자리를 비웠다. 위 지도를 보면 서울창서초등학교를 기준으로 빨간색 경계선 안에서는 절대적 금지 업종이, 보라색 경계선 안에서는 상대적 금지 업종이 적용된다.

강남역 상권도 예외는 아니다. 다음 지도를 보면 서초초등학교가 10번 출구 인근에 자리해 있고 주변에는 고급 아파트 단지가 밀집해 있다. 이 지역은 교육에 민감한 지역인 만큼 학부모들의 민원이 많은 곳이다.

실제로 10번 출구 근처에 있던 대형 노래방은 영업주 변경 이후 심의를 통과하지 못해 수년간 공실로 방치되었다. 같은 대로변임에

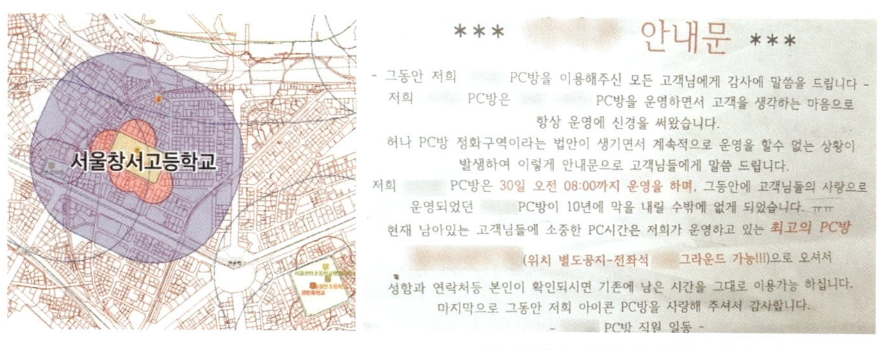

신촌 상권의 서울창서초등학교 정화구역(좌).
해당 정화구역 내 영업 중이었던 PC방이 단속으로 폐점되었음을 알리는 안내문(우)

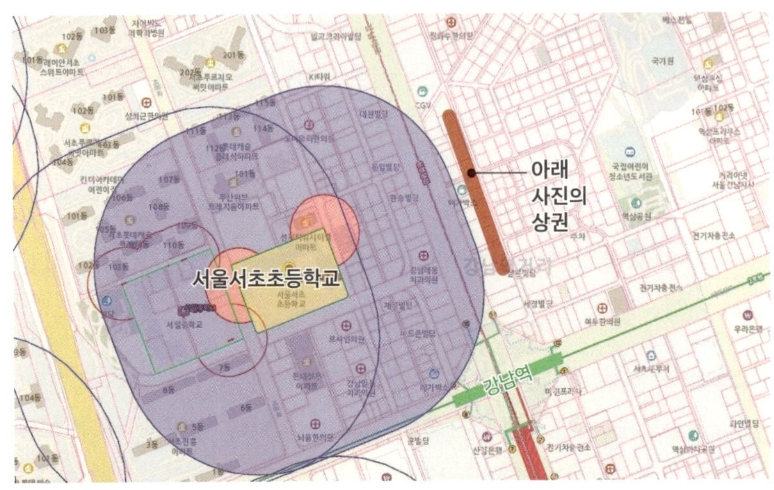

서울서초초등학교 정화구역(상)과 해당 구역을 벗어난 강남역 11번 출구의 상권 풍경(하)

도 불구하고 서초초등학교 인접 구역에서는 방방방 업종을 찾아보기 어렵고, 몇백 미터 떨어진 11번 출구 언덕길 쪽에는 해당 업종이 밀집되어 있다. MZ세대 소비자들은 자연스럽게 도로 하나를 건너 11번 출구로 간다. 정화구역이라는 보이지 않는 벽이 상권의 형태를 완전히 바꾼 것이다.

정화구역은 상가 수익성에 직접적인 영향을 미친다. 방방방 업종은 젊은 층이 선호하고, 이들이 몰리는 상권에는 활력이 돈다. 반대로 이 업종이 빠지면 상권은 정적이고 단조로운 분위기로 흘러갈 수 있다. 투자자 입장에서 보면 한 끗 차이로 수익이 갈릴 수 있는 문제이다. 따라서 공인중개사의 말만 믿지 말고 반드시 투자자 본인이 직접 확인하는 습관이 필요하다.

📍 상권에 마법을 부리는 '교통'

상권에서 교통은 마치 마법사와 같다. 지하철, 버스, 주차장 등 교통 수단이 다양할수록 유입 인구는 늘고 상권의 경쟁력도 강해진다. 특히 뚜벅이 비중이 높은 20~30대는 이동 시 지하철을 선호하기 때문에 같은 조건이라면 지하철역 인접 상권이 훨씬 유리하다. 그만큼 지하철은 상권에 있어서 가장 기본적인 기반시설이라 할 수 있다. 그 다음으로는 버스 노선, 주차장이 중요하다. 또한 광역 교통망(GTX, KTX 등)의 유무도 상권 확장의 중요한 변수이다.

그러나 교통 인프라가 생긴다고 해서 무조건 상권이 좋아지는 것은 아니다. 오히려 교통망 개통과 함께 '빨대효과'가 발생하는 경우가 있다. 이는 컵에 든 음료를 빠르게 흡수하듯 교통이 연결되자 대도시가 주변 도시의 소비와 인구를 빨아들이는 현상이다. 상권에서도 마찬가지이다. 교통이 좋아지면 이동이 쉬워지며 중심지가 아닌 곳은 외면당할 수 있다.

예를 들어 서울 9호선이 강서에서 강남까지 연결되면서 강서 지역의 젊은 층이 대거 강남 상권으로 이동해 강남 상권은 더욱 커졌고 반대로 강서 상권은 오히려 위축됐다. 교통이 편리해진 결과 소비자들이 더 나은 상권으로 떠나버린 것이다. 지금은 마곡지구가 강서 상권의 중심을 새로 형성하며 반등했지만 그전까지는 9호선의 빨대효과로 상권 유출이 심각했다.

KTX 역시 마찬가지다. 부산행 KTX는 2시간 반 만에 서울에서 부산까지 이동할 수 있게 만들었다. 그 결과 부산은 새로운 관광도시로 떠오르며 상권이 크게 살아났다. 강릉 안목 커피거리, 경주의 황리단길도 KTX 개통 이후 전국 단위 관광 수요를 흡수하며 성장했다. 하지만 모든 지역이 이렇게 혜택을 본 건 아니다. 중간 경유 지역은 오히려 인구와 소비가 서울로 흡수되며 상권이 침체되기도 했다. 지방에도 백화점과 쇼핑몰은 있지만 소비자는 서울의 더 크고 더 트렌디한 공간을 원한다. 성수동, 용산처럼 차별화된 콘텐츠를 가진 서울 상권은 전국적인 방문 수요를 끌어들이고 있다. KTX 개통이 전국을 1일 생활권으로 만들면서 소비의 중심이 더욱 서울로 쏠리게 된 것이다.

지하철이 생긴다거나 GTX가 연결된다는 뉴스를 들었을 때 가장 먼저 떠올려야 할 질문은 "이 지역이 혜택을 볼 것인가, 빨려 들어갈 것인가?"이다. 교통이 좋아진다는 이유만으로 무조건 호재로 해석하면 안 된다. 내가 투자한 상권에서 소비자들이 빠져나가기 쉬워지는 구조가 된다면 오히려 상권은 축소되어 매출은 줄고, 권리금은 하락하며 공실 리스크도 커질 수 있다.

예컨대 서울 도심과 GTX로 빠르게 연결되는 외곽 지역의 경우 주거 수요는 늘겠지만 상권은 위축될 가능성이 높다. 사람들이 서울에서 일하고, 소비도 서울에서 해결한 뒤, 밤에 잠만 자러 돌아온다면 지역 상가는 활성화되기 어렵다. 그렇기에 교통망이 생길 예정이라는 정보는 상권의 확장성을 의미하기도 하지만, 반대로 지역 내부 소비의 유출 위험을 내포하기도 한다는 점을 명심해야 한다.

물론 KTX가 생기며 젊은 세대가 주목하기 시작한 곳들도 있다. 강릉 안목 커피거리와 경주 황리단길은 그 대표적 사례이다. 원래는 한적한 지역이었지만 교통망 개선 이후 전국 각지의 소비자들이 이들 지역의 개성과 콘텐츠에 반응하기 시작했다. SNS를 통해 공유되며 입소문이 퍼졌고 그 결과 땅값은 수십만 원에서 수백만, 수천만 원대로 수직 상승했다.

하지만 이 역시 영구적인 성공을 보장하지 않는다. 소비자는 냉정하다. 몇 번 가보고 식상하면 다시 발길을 돌리지 않는다. 상권이 유지되기 위해서는 지속적인 변화와 콘텐츠가 필요하다. 교통만 갖춘 상권은 일회성 유입으로 끝날 수 있지만 '가치'를 지닌 상권은 반복 소비를 이끌어낸다.

즐거움을 찾는 시대의 투자법

📍 일상이 된 오락, 소비가 문화를 만든다

요즘의 상권을 걷다 보면 변화의 속도가 심상치 않다. 예전엔 보기 힘들었던 네 컷 사진 가게부터 오락실, 뽑기숍, 심지어 성인숍까지 대로변에서도 흔하게 볼 수 있다. 사격장, 캐리커처숍, 파티룸 같은 체험형 공간도 눈에 띄게 늘어났고 얼음잔 맥주와 포차 브랜드는 이제 상권의 기본 구성이 되었다.

이는 단순한 유행이 아니다. 먹고사는 문제가 우선이던 시대를 지나 '즐거움을 찾는 시대'로 접어든 것이다. 이에 따라 상권도 변했다. 과거에는 교통 중심지나 학교 주변, 전통시장처럼 목적 중심의 상권이 중심이었다면 지금은 콘텐츠 중심의 상권이 주목받고 있다.

📍 소비의 질에 따라 상권도 달라져야 한다

소득이 높아지고 삶의 질이 향상되면서 소비의 목적도 달라졌다. 오마카세의 회 한 점에 감탄하고, 망고빙수를 먹으려고 줄을 선다. 이러한 흐름은 방송과 콘텐츠에도 그대로 반영된다. '먹방'과 '여행', '요리 대결', '취미생활' 등 오락 콘텐츠가 전성기를 누리고 있다.

사람들은 웃고, 즐기고, 대리만족하며 스트레스를 해소한다. 이제 상권이 경쟁력 있으려면 '재미'를 갖추어야 한다. 좋은 입지나 교통만으로는 부족하다. 사람을 끌어들이고 머물게 하는 콘텐츠와 분위기가 필수인 시대이다.

오락실과 뽑기숍은 컬러풀한 인테리어와 브랜드화된 콘셉트로 재등장하고 있으며 '홀덤'은 도박의 이미지를 벗고 하나의 엔터테인먼트로 자리 잡았다. 파티룸은 일상 속 여가 공간으로 확산됐고 음식은 도시를 움직이는 핵심 콘텐츠가 되었다.

📍 진화하는 성인형 상권

즐거움의 수요는 여기서 멈추지 않는다. 성인용 오락, 숙박, 유흥이 결합된 위락 상권은 과거에 비해 많이 축소되었지만 새로운 콘셉트와 브랜드로 진화하며 다시 중심으로 올라오고 있다. 단란주점, 스탠드바, 나이트클럽, 유흥주점 등 과거의 유흥업종은 사라져가고 있고, 그 자리를 대신해 위스키 바, 와인 바, 홀덤 바, 메이드 바 등 테마

기반의 전문 바가 늘어나고 있다.

위락 시설은 성인용 PC방, 클럽, 헌팅포차와 같은 업종, 그리고 각종 숙박업소들을 포함한다. 유흥과 숙박은 마치 실과 바늘처럼 늘 함께 붙어 다니는 업종이다. 숙박업을 임대업 형태로 운영해 알짜 수입을 올리고 있다는 사실은 이미 잘 알려진 이야기이다. 예를 들어 에어비앤비나 삼삼엠투 같은 공유숙박업으로 활용하기도 하고, 시설을 보수해 고시원으로 탈바꿈시키기도 한다.

📍 영원한 상권은 없다

한때 최고의 상권이었던 신촌과 종로 젊음의 거리는 지금 쇠퇴기를 걷고 있다. 음악 카페, 클럽을 중심으로 전성기를 누렸던 신촌은 패션과 미용의 메카였던 이대와의 시너지까지 더해져 40년 가까이 대한민국 대학가 문화의 중심이었다. 하지만 지금은 공실률이 증가하며 높은 임대료를 고수하는 건물주는 임차인을 찾지 못하고 있다. 과거의 영광을 되찾기 위해 다양한 시도가 이어지고 있지만 눈에 띄는 회복세는 없는 상황이다. 잠시 '차 없는 거리' 프로젝트 이후 반짝했던 상승세도 코로나 이후 다시 주저앉고 말았다.

종로 젊음의 거리도 마찬가지이다. 한때 극장과 서점, 커피숍, 햄버거집으로 가득하던 이 거리는 젊은 세대의 놀이터였지만 지금은 공실이 늘고 외국인 관광객이나 직장인 회식 중심 상권으로 변하고 있다. 청계천 복원, 한화·미래에셋타운 조성 등의 요소로 일정 수요는 유지되고 있지만 젊은 감성과 문화를 잃은 자리는 다시 채워지지 않았다. 실제로 오래 자리를 지키던 맥도날드가 할리스커피로 바뀌더니 현재는 공실로 남아있다. 바로 옆 KFC도 국내에 처음 들어섰던 지점 중 하나였지만 매출 하락을 견디지 못하고 결국 문을 닫았다.

무엇이 이러한 쇠퇴를 만들었을까? 답은 명확하다. 시대의 변화를 읽지 못했기 때문이다. 유행은 바뀌는데 상권은 과거를 고집했고 임대료는 여전히 전성기 시절을 기준으로 삼았다. 임대인이 양보하지 않자 공실이 방치되고 상권은 흘러내렸다. 상권은 '흐름'이 만드는 것이지 위치만으로는 유지되지 않는다는 것을 증명한 사례들이다.

앞으로 이들 지역이 다시 살아날지, 아니면 더 쇠퇴할지는 아직 알 수 없다. 정책적인 지원과 지자체의 의지, 그리고 개별 건물주들의 노력 여하에 따라 미래의 방향은 달라질 수 있다.

과거에는 종로나 명동이 '상가의 로망'이었지만, 지금은 홍대와 성수 등이 새로운 중심이 되었다. 시대는 바뀌었고 상권의 기준도 바뀌었다. 과거의 명성이나 유동 인구만으로는 살아남을 수 없다. 이제는 콘텐츠, 콘셉트, 그리고 감성의 싸움이다.

지금 어떤 사람들이 모이고 있는가? 그들은 어떤 걸 즐기고 어떤 공간을 선호하는가? 이런 트렌드를 읽는 것이 상권 분석의 시작점이다. 그리고 이 흐름은 '즐거움을 추구하는 시대'라는 핵심 키워드로 귀결된다. 상가 투자자는 이제 '어디가 중심인가'만 볼 것이 아니라 '어디가 더 재미있어지고 있는가'를 분석해야 한다. 이제 즐거움을 담을 수 없다면 그 상권은 곧 사람들에게 잊힌다.

구도심에서 틈새를 찾다

　구도심 중에는 한때 도시의 중심이었지만 시간이 흐르며 점차 쇠퇴하거나 기능이 바뀐 곳들이 많다. 그 결과 경쟁력이 약해진 상가가 공실로 방치되고 상권 전체가 침체되는 경우도 부지기수이다. 그러나 시각을 달리하면 구도심은 오히려 작은 자본으로 진입 가능한 투자처가 될 수 있다.

　중요한 것은 '과거의 이미지'가 아니라 '현재의 조건'을 분석하는 것이다. 주변 상가의 활성화 여부, 유동 인구의 흐름, 업종의 재배치 등을 꼼꼼히 살펴보면 구도심에도 여전히 틈새와 기회는 존재한다. 특히 요즘처럼 신도시나 대형 상권에 투자하기 부담스러운 시기라면 구도심은 진입장벽이 낮은 매력적인 선택지가 될 수 있다. 새로운 시각으로 잠재력 있는 구도심 상가에 눈을 돌려보자.

📍 지하에도 볕 들 날 있다

상권에 따라 가치가 전혀 달라지는 지하층

지하상가라고 하면 여전히 고개를 젓는 이들이 많다. 통풍이 안 되고 접근성이 떨어진다며 부정적으로 생각하는 것이다. 하지만 이런 시선이 항상 옳은 것은 아니다.

한국부동산원이 발표한 층별 가치 데이터를 보면 지역에 따라 지하 1층의 가치가 크게 차이 난다. 광화문은 지하 1층의 가치가 무려 1층의 40.2%에 달하는 반면 명동은 13.8% 수준에 그친다. 이는 지역별 특성과 상권 구성의 차이에서 비롯된다. 광화문처럼 사무실이 밀집된 지역은 오래전부터 음식점들이 주로 지하에 입점해 있었고 지금도 그 흐름이 유지되고 있다. 반면 명동은 소형·노후 건물 비중이 높아 지하를 만들기 어렵거나 아예 없는 경우가 많다. 이렇게 지

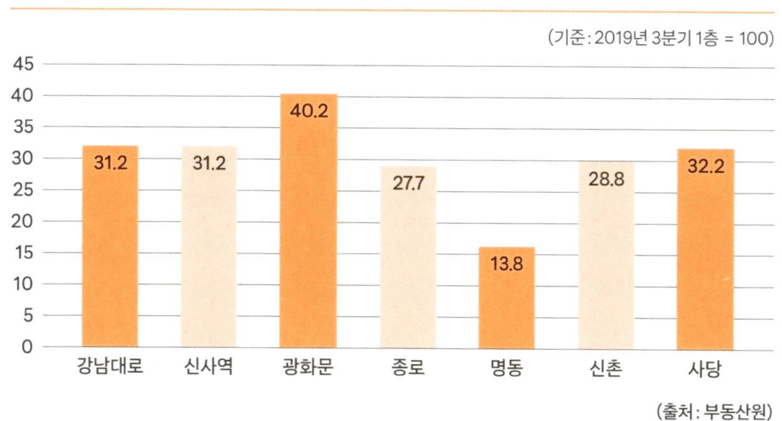

서울 핵심 상권 지하 1층 가치

하 상가는 어떤 상권이냐에 따라 가치가 전혀 다르다는 사실을 기억해야 한다.

상가 가치 분석을 할 때 '상가의 층별 효용'이라는 다소 어려운 표현을 쓰지만, 쉽게 말하면 '가치'로 이해하면 된다. 참고로 지상 1층이 가장 높은 가치를 가지며 그 다음은 지상 2층, 그 다음으로는 지하층과 3층 순으로 평가되고 있다. 특히 지하층의 경우 앞서 살펴본 바와 같이 입지가 우수한 일부 지역에서만 지하층 상가의 효용이 높게 평가된다. 반면 지상층의 경우 1층부터 3층까지는 각 층별로 개별적인 효용가치가 인정되는 편이다. 한편 4층 이상부터는 대부분 유사한 수준으로 평가되는 경향이 있다. 다만 고층 건물에서는 예외적으로 전망이라는 요소가 부가 가치로 작용할 수 있다.

상권이 받쳐주면 지하도 통한다

지하층의 수요는 상권의 활력에 비례한다. 강남, 홍대, 합정처럼 임대료가 높고 유동 인구가 많은 지역에서는 지하층도 상권의 일부로 자연스럽게 통용된다. 특히 클럽, 홀덤, 대형 음식점, 피트니스, 병원 같은 업종은 지하에 들어서기 좋다. 예를 들어 젊은 층이 많이 찾는 클럽은 공간의 크기뿐 아니라 소음 차단에 유리하기 때문에 지하에 위치한 경우가 많다.

요즘 강남대로에서는 성형외과나 병의원도 건물 지하에 들어서는 일이 흔하다. 임대료는 낮고 공간은 넓으며 프라이버시까지 확보되니 오히려 유리한 점이 많기 때문이다. 이는 다른 지역에서는 쉽게 볼 수 없는, 이른바 '강남 지하층 전성시대'를 보여주는 단적인 예이다. 이처럼 지하층은 업종과 상권에 따라 '가성비 좋은 실속형 투자처'가 될 수 있다.

반면 상권이 약한 지역에서는 지하 공간이 창고나 봉제업체처럼 비상업적인 용도로 사용되는 경우가 많다. 따라서 지하 투자에 앞서 반드시 상권의 전체 흐름을 분석해야 한다.

지하 상가, 무엇을 확인해야 할까?

지하 공간을 투자 대상으로 고려할 때는 몇 가지 포인트를 확인해야 한다.

첫째, 건물의 관리 상태이다. 신축이더라도 누수, 곰팡이, 냄새 같은 문제가 없는지 직접 확인해야 한다.

둘째, 진입 동선이다. 엘리베이터가 연결되어 있거나 1층과의 이동이 자연스러워야 유동 수요를 흡수할 수 있다. 계단만 있는 경우 계단이 가파르거나 높으면 접근성이 떨어진다.

셋째, 상권 내 지하 수요가 있는 업종이 무엇인지 파악하는 것이다. 노래방, 만화방, PC방 같은 지하 수요 업종이 몰려 있는 지역에서는 그 가치가 더 높다. 이런 업종의 밀집도와 공실률을 조사해보면 해당 지하 공간이 살아있는지 죽어있는지 판단할 수 있다.

지하층도 상권만 제대로 받쳐준다면 고수익을 기대할 수 있는 틈새 투자처가 될 수 있다. 이제는 눈높이를 조금만 낮춰보자. 남들이 외면한 지하에서 진짜 보석을 발견할 수 있을지도 모른다.

또 하나의 구도심 투자 아이템은 이른바 '먹통상가'이다. 먹통상가는 도로변에서 바로 진입할 수 있는 입구가 없고 건물 내부를 통해서만 진입 가능한 상가이다. 외부 노출이 없기 때문에 유동인구 확보가 어렵고 임대료도 낮다.

먹통상가는 건물 내부로만 노출되기 때문에 고객층이 건물 내 근무자나 거주자로 한정된다. 따라서 건물의 용도나 규모에 따라 수익성의 편차가 크다. 예를 들어, 사무실 위주의 건물은 주말 공실이 뚜렷한 반면, 주상복합처럼 거주 세대가 많은 건물은 주중·주말 모두 일정 수요를 확보할 수 있다.

최근에는 이런 내부형 상가를 선호하는 업종들이 생겨나고 있다. 대표적으로 피부관리실, 네일숍, 헤어숍 등 예약 중심의 업종들은 굳

주상복합 건물의 내부 먹통형 상가

이 비싼 외부 상가에 입점할 이유가 없다. 배달 위주의 음식점이나 커피전문점도 마찬가지이다. 외부 유동 인구가 크게 중요하지 않기 때문에 저렴한 임대료에 집중하는 실속형 매장이 늘고 있다. 이런 업종들에게는 오히려 조용하고 임대료가 낮은 먹통상가가 더 알맞은 공간이다.

최근에는 임대인이 직접 운영하는 추세도 늘고 있다. 외부 고객 유입에 의존하지 않아도 되는 구조라면 임대 수익보다는 직접 운영을 통한 안정적인 현금 흐름 확보도 가능하다. 무엇보다 임대가 안 되면 사무실 용도로도 전환할 수 있어 리스크가 낮다.

📍 몰락한 테마상가에서 다시 기회를 만드는 법

무너진 오픈형 상가의 몰락

한때 상가투자의 대표 아이템으로 떠올랐던 테마상가는 적은 투자금으로도 높은 수익률을 기대할 수 있다는 장점 덕분에 열풍처럼 인기를 끌었다. 몇 천만 원이면 분양받을 수 있었고, 수익률 10%를 자랑하던 시절도 있었다. 동대문 밀리오레, 신도림 테크노마트, 용산 전자상가 같은 유명 쇼핑몰이 대표적이다.

하지만 이 황금기는 그리 오래가지 않았다. 소비의 무게중심이 온라인으로 이동하면서 오픈형 테마상가는 빠르게 내리막길을 걷기 시작했다. 인터넷 쇼핑, 홈쇼핑, 모바일 쇼핑으로 시장이 재편되자

동일 업종이 몰려 있는 테마상가는 고객층이 한정될 수밖에 없었다. 게다가 건물 내부 구조, 임대인 간 이해관계, 업종 변경의 어려움 등으로 인해 구조 자체를 바꾸기도 쉽지 않았다.

테마상가는 '오픈형 상가' 구조가 많다. 벽체 없이 바닥에 선만 그어 구역을 나누고 각 상가는 임시 벽이나 진열대로 공간을 나누는 방식이다. 과거에는 대출도 가능했지만 지금은 대출이 막혀 사실상 현금으로만 매입 가능한 물건이 대부분이다.

이런 상가들이 경매 시장에 대거 등장하기 시작했고 현장에서는 "그냥 가져가기만 해달라."라는 말까지 들린다. 공실과 높은 관리비, 변변치 않은 임대 수익, 막막한 매매 가능성까지 더해지면서 절대 투자하면 안 되는 상가라는 인식이 굳어지고 만 것이다.

리모델링과 업종 변화로 기회를 찾다

그러나 이 가운데서도 기회를 찾은 투자자들이 있었다. 오픈형 상가를 리모델링해 구분형 상가로 바꾸는 방식이 시도되기 시작한 것

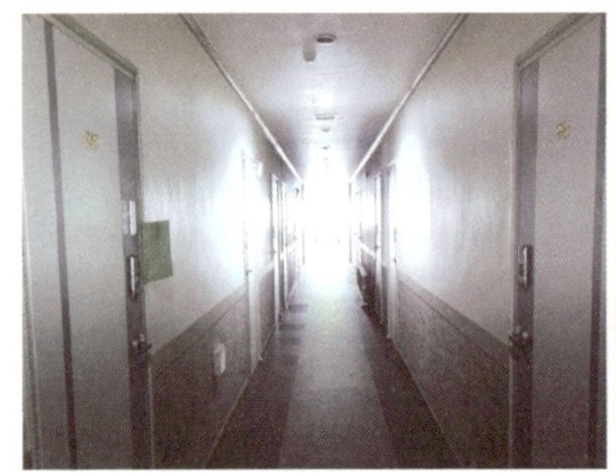
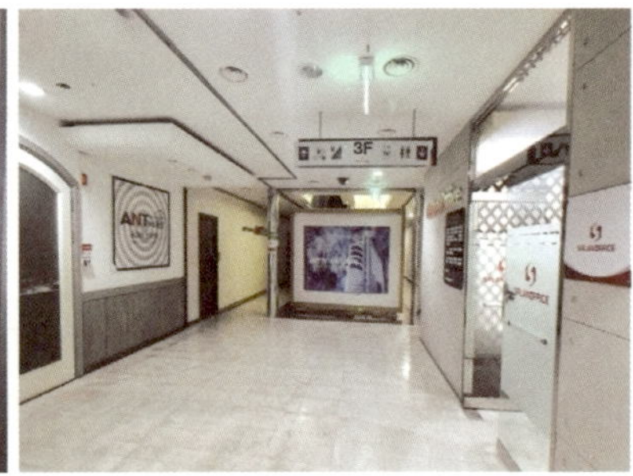

수원 팔달구에 오래된 오픈형 쇼핑몰이 리모델링되어 고시원과 오피스로 사용되고 있다.

이다. 벽체를 새로 세우고, 공유오피스, 창고형 사무실, 1인용 고시원, 소형 창업 매장 등으로 용도를 변경하는 방식이다.

이처럼 공간을 재해석해 오픈형 상가들을 헐값에 매입하고 리모델링하여 상대적으로 높은 임대 수익을 올리는 데 성공하는 사례들이 최근 몇 년 사이 조금씩 늘고 있다. 예를 들어 수원 팔달구의 한 오래된 쇼핑몰은 내부 공간을 고시원, 사무실, 소형 매장 등으로 나눠 활용해 실질 수익률을 높이는 데 성공했다.

물론 모든 상가가 이런 방식으로 바뀔 수 있는 것은 아니다. 먼저 관리사무소나 관리단을 통해 실제 용도변경이 가능한지 꼼꼼히 확인해야 한다. 건물 전체 구조나 화재 설비, 방화벽, 배관 구조 등이 문제가 될 수 있고, 층간 합의나 소유주 간 이견 때문에 리모델링이 무산되는 경우도 종종 있다.

특히 일부 소유주가 고집을 부리거나, 리모델링 비용 분담 문제로 갈등이 생기면 투자 전체가 수포로 돌아갈 수 있다. 매입 전 사전조사와 관리단 미팅은 필수이다. 리모델링이 가능한지, 업종 전환에 제약은 없는지, 실제 수익 모델이 작동하고 있는 상가인지 등을 충분히 따져보고 투자해야 한다.

📍 유행이 지나간 도시 외곽 로드형 쇼핑몰의 민낯

상가투자를 시작한 초보자라면 '로드형'이라는 말을 한 번쯤 들어봤을 것이다. 일반적으로는 상가가 도로변에 위치한 형태를 뜻하지만 여기서 말하는 '로드형 쇼핑몰'은 외곽형 아울렛과 유사한 구조를 말한다. 넓은 부지를 활용해 쇼핑몰, 놀이시설, 레스토랑이 복합적으로 구성된 이 형태는 한때 롯데와 신세계를 중심으로 프리미엄 아웃렛 붐을 일으키며 뜨거운 관심을 받았다.

하지만 지금은 분위기가 달라졌다. 온라인 쇼핑의 급성장과 도심 내 복합 쇼핑몰의 경쟁력 강화로 인해 로드형 쇼핑몰을 찾는 사람들의 발길이 점점 줄어들고 있다.

특히 경기도 일산신도시에는 대표적인 로드형 쇼핑몰이 다수 존재한다. 초창기 라페스타가 큰 성공을 거두자 이어서 웨스턴돔, 요진시티, 호수공원 가로수길 쇼핑몰, 그리고 원마운트까지 총 5개의 로드형 상업시설이 잇달아 들어섰다.

그러나 지금은 공실률이 높아 운영에 어려움을 겪고 있다. 그중에서도 원마운트는 가장 상징적인 사례이다. 실내 스키장과 워터파크, 쇼핑몰, 호텔이 결합된 4계절형 복합몰로 홍보됐고, 장밋빛 미래가 제시되었다. 하지만 주변은 허허벌판이었고 상권의 기초 체력이 부족한 상태였다. 시간이 지나자 입점했던 점포들이 하나둘 빠지기 시작했고 코로나 사태까지 겹치면서 2024년 8월, 법원에 회생절차를 신청하기에 이르렀다.

무엇보다 외곽 로드형 쇼핑몰은 경쟁력을 상실하고 있다. 실외 공간에 기반한 로드형 쇼핑몰은 날씨와 계절의 영향을 크게 받는다. 우리나라처럼 사계절이 뚜렷한 기후에서는 무덥거나 추운 계절, 혹은 눈이나 비가 오는 날에는 자연히 방문객이 줄 수밖에 없다. 결국 넓고 쾌적한 실내 공간을 가진 복합 쇼핑몰이 더 많은 고객을 끌어들이는 시대가 된 것이다.

 최근 각광받는 스타필드 같은 대형 복합몰은 계절과 날씨의 영향을 적게 받는다. 실내에 쇼핑뿐만 아니라 미용, 헬스, 음식, 여가 공간까지 통합되어 있어 '하루 종일 소비할 수 있는 공간'으로 자리잡고 있다. 명품 브랜드부터 중가, 저가 브랜드까지 다양하게 포진해 고객층도 넓다.

 물론 앞으로도 로드형 쇼핑몰은 꾸준히 분양 시장에 등장할 것이다. 실제로 송도나 배곧 같은 신도시에서도 로드형 쇼핑몰을 찾아볼 수 있다. 하지만 이젠 조심해야 한다. 외형이나 일부 인기 매장에 현혹되어 전체 경쟁력을 착각해서는 안 된다. 특히 한국의 계절 특성상 실외 공간에 의존하는 쇼핑몰은 구조적 한계를 갖고 있다는 점을 명심해야 한다.

상가주택이 연금보다
든든한 자산이 된다

생존형 투자자에게 딱 맞는 상가주택

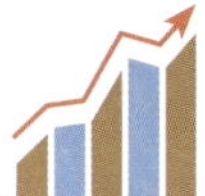

　가족의 생계를 책임지는 가장이라면 실패 확률이 낮고 수익이 안정적으로 보장되며 급격한 가격 하락 가능성이 적은 상가를 찾게 마련이다. 이렇게 까다로운 조건을 충족하는 상가가 있다면 그것은 다름 아닌 '상가주택'이다. 엄밀히 말하자면 상가라기보다는 주택의 성격에 더 가까운 상품이다. 투자보다 생존을 우선하는 사람에게, 상가주택은 그 자체로 하나의 해답이 된다.

　상가주택은 보통 1층에 상가가, 2층 이상에 주택이 있는 복합용도 건물이다. 가장 큰 장점은 주택에서 나오는 안정적인 월세 수익이다. 상가의 임대는 업종, 입지, 배후 수요 등 복잡한 조건을 따져야 하지만 주택은 지역에 따라 다소 차이가 있더라도 비교적 빠르게 세입자를 구할 수 있다. 상가 또한 입지가 심하게 불리하지 않다면 임차인을 찾을 가능성은 충분하다. 결국 두 개의 수익원 중 하나가 공실이

하남미사신도시의 상가주택

어도 나머지 하나가 버텨주는 구조이기 때문에 안정성이 남다르다.

특히 은퇴를 앞둔 베이비부머 세대에게 매우 매력적이다. 당장 생활비가 필요한 은퇴자에게 상가주택은 내가 직접 거주하면서도 꾸준한 월세를 확보할 수 있는 실속형 투자처가 된다. 실제로 상가주택은 은퇴 시점에 맞춰 아파트를 팔고 전환하려는 사람들에게 가장 인기 있는 상품 중 하나이다. 요즘은 과거보다 공급 지역과 설계 방식도 다양해져 투자자의 선택 폭도 훨씬 넓어졌다. 매수 방법은 크게 2가지이다. 이미 지어진 상가주택을 매수하는 것과 토지를 매입해 직접 건축하는 것이다.

상가주택은 부동산 투자 중에서 드물게 깊이 공부하지 않고도 접근할 수 있는 상품이다. 즉, 수익률 분석, 업종 선정, 상권 경쟁 분석 같은 복잡한 과정을 거치지 않아도 된다. 내가 살 집을 고르듯 위치와 구조만 꼼꼼히 따져도 절반은 성공이다. 특히 신도시나 택지지구처럼 배후세대가 확실한 곳에 위치한 상가주택이라면 주거 임대 수요는 기본적으로 확보돼 있다. 구도심 상가주택의 경우 상권이 발달해 있다면 시세 차익까지 기대할 수 있다. 구도심과 신도시 모두 장단점이 뚜렷하므로 입지의 특성과 임대 수요 흐름을 먼저 파악한 뒤 방향을 설정하는 것이 좋다.

신도시 상가주택 투자

📍 신도시 상가주택, 직접 지을까? 싸게 살까?

상가주택 투자가 활발하게 이뤄지는 대표적인 지역은 신도시나 택지지구 같은 '계획도시'이다. 특히 실전 경험이 있는 투자자들은 완공된 건물을 사는 대신 땅을 매입해 직접 상가주택을 신축하는 방식을 선호한다. 땅을 사서 짓는 방식은 귀찮고 복잡해 보일 수 있지만 수익률 면에서는 압도적으로 유리하다. 보통 부동산 투자에서는 '땅값 + 건축비 = 매매가'가 기본 원리이지만 직접 지으면 자산 가치는 '1 + 1 = 4'처럼 뻥튀기되는 경우가 많다. 고생은 해도 남는 장사라는 이야기이다.

하지만 요즘처럼 건축비가 크게 오른 시기에는 조심해야 한다. 건자재 값은 물론이고 인건비도 치솟았는데 대출 이자까지 높아진 상황에서는 신축 과정에서 오히려 손해를 볼 수도 있다. 아무리 계획대로 지어도 수익이 안 날 수도 있는 것이다. 이런 때일수록 철저한 수익 분석이 중요하다. 땅을 싸게 샀다는 이유만으로 덜컥 착공에 들어갔다가는 낭패를 보기 쉽다.

그렇다면 신도시에서 어떤 부지를 골라야 상가주택을 지을 수 있을까? 가장 먼저 확인해야 할 것은 바로 '토지이용계획도'와 '토지이

광교신도시 토지이용계획도의 단독주택 블록

용계획표'이다. 이 자료를 통해 단독주택용지의 위치, 면적, 공급 비율, 건축 가능 용도 등을 사전에 파악할 수 있다. 특히 상가주택이 가능한 점포겸용 단독주택용지인지, 일반 단독주택용지인지부터 명확히 구분해야 한다. 예를 들어, 광교신도시나 동탄신도시에서는 상가주택이 가능한 필지가 따로 정해져 있고, 일부 지역은 주거용만 가능하도록 제한되어 있다.

3기 신도시의 일부 지구를 분석해보면 상가주택용지는 대부분 1층

택지지구에서 공급되는 상가주택 유형

분류	단독주택	상가주택 (점포 겸용 단독주택)	휴양형 단독주택	한옥형 단독주택과 상가주택
건물의 용도	주택으로만 구성	건물의 상층부에는 주택, 1층에는 근린생활시설이 입점할 수 있는 상가를 배치한다.	단독주택 및 점포겸용 단독주택	한옥형으로 건축되는 건물
특징	신도시마다 세대 구성이 1세대부터 5세대까지 다양하기 때문에 선택의 폭이 넓다.	1층에 자리한 30~40평 규모의 제법 규모 있는 상가 임대 수익에 큰 비중을 차지한다. 입지에 따라 가격의 차이가 큰 편이다.	외국인 관광객에게 한국문화 체험과 숙식을 제공할 수 있는 주택	한옥형 주택의 수요 증가로 신도시마다 증가하고 있는 중이다. 한옥마을에 상가도 건축하면서 한옥형 상가주택도 들어서고 있다.
예시	하남미사신도시	하남미사신도시	영종하늘도시	은평뉴타운

상가 외에 최대 5가구까지 주택을 넣을 수 있는 경우가 많다. 이 말은 곧 상가에서 나오는 임대료뿐 아니라 주택 임대수익도 5배까지 만들 수 있다는 뜻이다. 자금 여유가 있다면 직접 신축을 고려해볼 만한 이유이다.

하지만 무조건 새로 짓는 게 능사는 아니다. 예산이 부족하거나 리스크를 줄이고 싶은 투자자라면 기존 신도시나 택지지구에서 급매물 상가주택을 찾는 것이 더 현실적이다. 특히 경매를 활용하면 기회를 더 저렴하게 잡을 수 있다. 실제로 2025년 상반기에도 상가주택 경매물건이 다수 나왔고 감정평가액의 50% 수준에 낙찰된 사례들도 있다.

상가주택의 형태도 예전보다 다양해졌다. 과거에는 단독주택형과 점포겸용주택 정도였지만, 지금은 타운하우스, 휴양형 단독주택, 한옥형 단독주택까지 등장해 총 5가지로 확장됐다. 앞의 표는 현재 택지지구에서 공급되는 상가주택 유형의 분류 기준이다.

투자자는 이 중 자신의 자금 사정, 목표 수익률, 입지 전략에 따라 적합한 유형을 고르면 된다. 아직까지 점포 겸용 단독주택이 가장 일반적이고 실속 있는 선택이지만 관광수요가 뒷받침되는 지역에서는 휴양형 단독주택도 대안이 될 수 있다.

이제부터는 택지지구에 있는 상가주택을 고를 때 도움이 되는 방법 몇 가지를 살펴보자.

📍 주택의 세대수는 무조건 많을수록 좋다

신도시나 택지지구에 지어지는 상가주택은 기본적으로 '1층 상가 + 2층 이상 주택'의 구조를 가지고 있다. 지역에 따라 건축 가능한 층수가 다르기 때문에 자연스럽게 주거 세대수도 달라진다. 어떤 곳은 지하 포함 4층까지 올릴 수 있지만 어떤 곳은 3층까지만 가능하다. 이렇게 층수가 달라지면 주거 세대를 몇 세대나 넣을 수 있는지도 달라지며 이 차이가 바로 수익률 차이로 이어진다.

일반적으로 상가주택의 구조는 1층을 상가로 사용하고 위층은 원룸 또는 투룸 이상의 주거 세대들로 구성한다. 보통 주거 세대수는 3~4세대이지만 입지와 설계에 따라 5세대, 많게는 6세대까지 가능하다. 같은 상가주택이라도 세대수가 많을수록 임대 수익이 커지고 공실 리스크를 분산할 수 있기 때문에 투자자 입장에서는 세대수가 곧 안정성이 된다.

그렇다면 상가 공간을 더 늘릴 수는 없을까? 예를 들어 1층뿐 아니라 2층까지 상가로 사용하고 3층과 4층만 주거로 쓰는 방식처럼 말이다. 만약 이런 방식이 가능하다면 상가 임대료도 주거 임대료도 동시에 극대화할 수 있을 것이다. 그러나 실제로는 대부분의 계획도시에서 상업용 공간 비율을 건물 전체의 30% 이내로 제한하고 있기 때문에 2층까지 상가로 사용하는 사례는 드물다. 즉, 현실적으로는 한 층만 상가로 지정하고 나머지는 모두 주거로 구성하는 것이 일반적이다.

하지만 예외도 있다. 김포시에 위치한 풍무2지구는 그런 드문

김포풍무 2지구의 건축물 허용용도·건폐율·용적률·높이

구 분		단독주택용지
건축물용도	도면표시	R1~R13
	허용용도	· 건축법 시행령 별표1 제1호(단독주택) 중 가목(단독주택), 다목(다가구주택) · 건축법 시행령 별표1 제3호(제1종 근린생활시설) · 건축법 시행령 별표1 제4호(제2종 근린생활시설) 중 나목, 라목, 바목, 아목, 자목, 타목 중 기원, 하목 중 금융업소, 너목 중 수리점 　－ 나목(종교집회장)은 R8-4부지에만 허용하며, 2012. 7. 5. 환지계획 구역내 운영중인 시설이 위치한 필지(풍무동284-7번지)의 환지계획된 필지에 한함 　－ 너목(수리점)은 풍무동 261-2번지외 3필지(정비공장 1개소)의 토지소유자가 환지받은 1개 필지와 공동사업자가 구역내 최초 매입한 1개 필지에 한함 · 근린생활시설 용도는 2층 이하에 한하여 허용하며, 사용되는 바닥면적의 합계가 지하층을 포함한 총 연면적의 50%를 초과할 수 없다. · 단독주택용지 1획지당 가구수는 4세대 이하로 한다.
	불허용도	· 허용용도 이외의 용도
건폐율		· 60% 이하
용적률		· 200% 이하
최고층수		· 4층

사례 중 하나이다. 이곳은 김포 구도심을 재개발해 조성된 5,000세대 규모의 대형 택지지구로 다양한 생활 인프라가 빠르게 확충되며 상권도 빠르게 성장 중이다. 풍무2지구의 상가주택은 다른 신

김포풍무 2지구의 2층까지 상가로 활용이 가능한 상가주택

도시와는 달리 1층과 2층을 모두 상가로 사용하고 3층과 4층을 주거로 구성할 수 있도록 설계돼 있다. 이는 층별 활용도를 극대화한 구조로 상가 임대수익을 올릴 수 있다는 점에서 매우 매력적인 조건이다.

📍 수익률의 핵심을 결정짓는 것은 1층 상가이다

상가주택의 월세 수익 중 주택 부분은 사실 입지에 따라 큰 차이가 없다. 기본적인 생활 공간으로서의 역할만 하기에 어느 지역이든 비슷한 임대료 수준을 형성하게 된다. 문제는 1층 상가이다. 1층에 공실이 없는가, 월세 수준은 어느 정도인가에 따라 수익률이 완전히 달라진다. 공실 없이 빠르게 임대가 이루어지고 시간이 지나면서 상권이 안정화되어 월세를 올릴 수 있는 곳이라면 이미 상가주택 투자에서 성공한 셈이다.

그렇다면 어떤 곳이 좋은 입지일까? 실패 가능성을 줄이기 위해서는 최소한 아래의 3가지 조건을 확인해야 한다.

첫째, 아파트 단지가 많은 곳이다. 이용하는 사람이 가까이에 많을수록 상가는 살아난다. 장사는 사람이 있어야 가능하기 때문이다. 특히 아파트 단지에 바로 노출되어 있는 상가주택은 그 자체로 가치가 높다.

둘째, 수변과 녹지 공간에 접한 블록이 좋다. 최근에는 환경적 쾌적함에 대한 수요가 점점 커지고 있다. 가능하다면 상가주택지 전체가 수변이나 녹지에 접해 있는 블록을 고르는 것이 좋다. 앞이 탁 트여 있고 사계절 풍경을 즐길 수 있다면 그 자체만으로도 상가의 경쟁력이 높아진다.

셋째, 주차장이 확보된 곳이다. 계획도시는 면적이 넓어 자동차로 이동하는 경우가 많으므로 상가 인근에 주차 공간이 충분히 마련되어 있는지 반드시 확인해야 한다. 주차장은 영업 활성화에 직접적인 영향을 주며 상가의 가치에도 큰 차이를 만든다.

📍 상가주택 고르는 기준

상가주택에 투자할 때는 분명한 기준을 세우고 매물을 골라야 한다. 실전에서는 다음 3가지를 반드시 확인하자. 가장 먼저 확인해야 할 것은 주택의 가구 수이다. 가구 수가 많을수록 고정적인 임대 수익이 올라간다. 동일한 입지에서 동일한 건축비를 들였다고 해도, 세대수를 많이 확보한 건물은 월세 수익이 더 높고 투자 가치도 크다.

둘째, 1층 상가에 다양한 업종이 들어올 수 있는지 살펴야 한다. 단순히 평수가 넓다고 좋은 것이 아니다. 출입구 위치, 전면 창 구성, 내부 동선에 따라 수용 가능한 업종의 수가 달라진다. 즉, 다양한 임차 수요에 대응할 수 있는 구조여야 공실 리스크를 줄일 수 있다.

실제로 상가주택의 1층 상가는 대부분 전용 35~40평 내외이다. 입지가 평범한 지역이라면 식당 하나 채우기도 어렵고, 입지가 안 좋으면 자전거 가게나 소규모 사무실로 겨우 임대되는 경우도 많다. 반

하남미사신도시에 있는 상가주택으로 1층이 4개로 나뉘어 4개의 업종이 입점해 있다.

대로 입지가 좋은 곳이라면 얘기가 달라진다. 40평 공간을 10평씩 나누어 4개 업종으로 구성할 수도 있다. 이 경우 단일 임대보다 훨씬 높은 수익률을 기대할 수 있다. 따라서 상가주택을 고를 때는 1층에 최소한 2개 이상 업종이 들어올 수 있는 조건인지를 살펴봐야 한다.

상가주택지가 아파트나 상가와 멀리 떨어져 있는 곳에 조성되는 경우도 있다. 이런 상가주택의 경우 유동인구가 적어 1층 상가에 사무실이나 창고 문의만 있는 경우도 있다. 이렇게 되면 내가 원하는 음식점이나 카페는 입점시키기 힘들어진다. 때문에 상가주택을 고를 때는 주변 조건을 살펴보고 상가주택을 이용할 사람이 있는지 반드시 확인해야 한다.

셋째는 일조권 사선제한을 받는 건물인지 확인해야 한다. 이 제약이 있는 건물은 3층 이상부터 면적이 줄어드는 형태로 지어야 하기 때문에 세대수 확보에 한계가 생기고 수익성도 떨어진다.

196

이는 현장에서 직접 확인할 수 있다. 건물에서 20걸음 정도 떨어져서 바라봤을 때 3층부터 건물 외벽이 사선으로 깎여 보인다면 '3층 9m 제한'을 받고 있는 건물이다. 이 규제는 2023년 9월 12일 개정되어 최고 10m까지 허용되었지만 아직도 현장에서는 9m 제한을 적용받는 건물이 많다. 층고는 대개 1층이 3m 내외이기 때문에 제한을 받으면 전체적으로 층고가 낮아 보이는 느낌이 강하게 든다. 주변 상가와 비교해보면 차이를 확연히 알 수 있다.

카페, 레스토랑 같은 업종은 천장이 높을수록 선호도가 높다. 아파트에서 복층 구조나 거실 층고를 강조하는 것과 같은 맥락이다. 천장이 높으면 시각적으로 개방감이 크고 이는 자연스럽게 임대료와 권리금 상승으로 이어지며 매매 시점에서도 가치 평가에 긍정적인 영향을 주는 요소가 된다.

구도심 상가주택 투자

📍 재개발·재건축 지역에서 기회를 노려라

구도심의 상가주택은 군대로 치면 정예군이라기보다는 게릴라에 가깝다. 정해진 패턴 없이 어떤 입지와 조건 속에서도 버텨내는 강한 '생존력'이 특징이다.

신도시 상가주택은 비슷한 구조와 층수, 배치를 갖고 있지만 구도심은 건물마다 다 다르다. 예를 들어 3층짜리 건물이라 해도 상권이 활발한 지역에서는 1~2층을 상가로, 3층만 주택으로 사용하는 반면, 상권이 약한 곳에서는 1층만 상가로 쓰고 나머지는 주택으로 쓰기도 한다.

상가주택 투자는 대부분 시세 차익보다는 고정 월세 수익을 목적으로 한다. 특히 별다른 개발 호재가 없는 일반 지역이라면 적은 자

"

본으로 안정적인 임대 수익을 기대하는 전략이 현실적이다.

물론 성수동, 강남처럼 뜨거운 지역은 '꼬마빌딩' 투자로 시세 차익을 노리기도 한다. 하지만 대부분의 지역에서는 기본적인 인플레이션 흐름을 따라가는 느린 상승 곡선을 그린다.

그렇다고 해서 구도심의 상가주택이 모두 정체된 건 아니다. 재개발·재건축이 추진 중인 지역은 완전히 다른 흐름을 타게 된다. 요즘 구도심 곳곳에서는 재개발과 재건축이 활발하게 진행 중이다. 이런 변화의 경계 지역은 특히 주목할 필요가 있다.

주택가가 재개발되며 아파트 단지가 들어서고 도로가 확장되면 기존에 없던 유동 동선이 새롭게 생긴다. 이런 흐름을 미리 읽고 단독주택이나 다가구주택을 상가로 용도변경하거나 꼬마빌딩을 신축하는 투자자들도 늘고 있다. 지역마다 편차는 있지만 가치 상승 여지가 큰 곳임은 분명하다.

더 모험적인 수익을 노리고 싶다면 변화가 시작되기 전 단계에서 선점하는 것도 방법이다. 예정된 뉴타운, 재개발 구역의 인접지에 단독주택을 미리 매입해 두고, 향후 상가주택 전환 가능성을 고려해 투자한다면 상승 여력을 극대화할 수 있다.

서울에서 대표적인 변화의 사례로는 가락동 시영아파트의 재건축을 들 수 있다. 이곳은 대단지 아파트인 헬리오시티로 탈바꿈하며 소비력이 높은 인구가 유입되었고 그 결과 주변의 낡은 상가주택과 꼬마빌딩들이 신축·리모델링되며 새로운 상권이 형성되고 있다.

강동구 고덕동 역시 비슷한 흐름을 보이고 있다. 1980년대 후반, 주거안정을 목적으로 개발된 이 지역은 당시 대부분이 그린벨트였

강동 고덕동 상가주택지

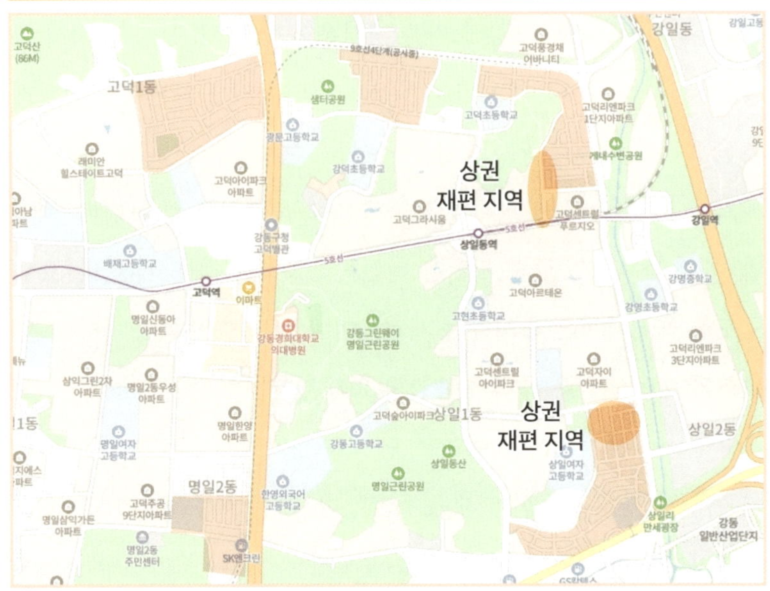

출처 : 네이버지도

고덕동 상가주택의 리모델링 이후 모습

고 상권도 거의 형성되지 않아 저렴한 서민 주거지 수준에 머물렀다.

하지만 지금은 완전히 달라졌다. 재건축 완료 이후 고덕 아르테온 정문 일대에는 눈에 띄는 변화가 나타나고 있다. 상권이 점차 확장되며 안정적인 상가주택지로 재편되고 있고 앞으로도 계속 발전할 지역으로 평가받고 있다.

이 지역은 재건축 시기가 비슷하게 겹치며 대규모 아파트 단지가 동시에 정비되었고 마침 부동산 상승기와 맞물려 가치가 몇 배 상승했다. 과거에는 명확한 상권이 형성되지 않아 다가구, 빌라, 단독주택이 대부분이었지만 지금은 새로운 단지에 걸맞는 상업시설 수요가 늘어나면서 상가주택지가 핵심 투자처로 급부상 중이다. 특히 지하철 9호선 개통이 예정돼 있어 인근 부동산 가치에 대한 기대감도 한층 더 높아진 상태이다.

재개발 사업으로 상권이 극적으로 형성된 대표적인 사례는 미아·길음 뉴타운이다. 이곳은 초기 뉴타운 재개발 지역 중 하나로, 원래는 구릉지형에 자리한 서민 주거지역이었다. 재개발 이전에는 교통 여건이 좋지 않아 많은 주민들이 마을버스를 타고 4호선으로 환승해야 했고 자연스레 버스정류장 주변에 시장과 소규모 상권이 형성되었다. 프랜차이즈보다는 오래된 개인 가게가 자리를 지켰고, 중장년층이 주를 이루는 배후세대는 생활밀착형 분위기를 형성했다.

하지만 대규모 아파트 단지 조성과 함께 분위기는 완전히 달라졌다. 새로운 상가건물들이 속속 들어서며 곳곳에 프랜차이즈 브랜드가 입점하기 시작했다. 특히 학원 업종의 급증이 두드러지고 병·의원 등 의료시설의 확장도 빠르게 진행되었다. 그 과정에서 기존 단독

평범한 2층 건물(상)이 철거된 후 경전철 개통과 함께 신축 상가건물(하)로 재탄생한 모습

주택이나 저층 상가주택은 철거되고 신축 상가건물로 재개발되는 사례가 늘었다.

위 사진은 뉴타운 개발 이전에 수십 년 동안 자리를 지키던 한 평범한 2층 건물이 뉴타운 개발 이후 4층 규모의 신축 메디컬 빌딩으로 탈바꿈한 모습이다. 지금은 내과, 치과, 재활의학과 등 병원이 입점해 단숨에 지역 핵심 시설로 탈바꿈했다. 이 사례는 재개발이 지역 상권에 어떤 파급력을 가지는지 잘 보여준다.

지금도 서울 전역에서는 재개발·재건축이 활발하게 진행 중이고 향후 예정된 지역도 많다. 이 흐름을 잘 읽는 투자자라면 재개발 전 단계에서 오래된 상가주택이나 단독주택을 매입해둘 기회를 잡을 수 있다. 자금 여력이 충분하다면 신축이나 리모델링을 통해 가치를 극대화할 수 있고, 자금이 부족하다면 임차인만 교체해도 건물 가치가 오르는 효과를 누릴 수 있다. 결국 관건은 입지다. 지역을 잘 고르면 다양한 선택지가 열리고 안정적인 수익을 기대할 수 있다.

3장

합법적으로
수익률을 2배 높이는
상가투자 전략이
있습니다

1
관점을 바꾸면 가치도 바뀐다

- 업종 변경과 사업가 마인드

상가의 가치를
바꿔라

📍 상가투자와 임대수익을 넘어
매매차익까지 노려라

좋은 상가 물건을 찾는 것은 쉽지는 않은 일이다. 경쟁이 점점 치열해지고 있는 것도 사실이다. 그렇다면 우리가 선택할 수 있는 현명한 전략은 무엇일까? 그 답은 바로 매매차익을 노리는 차익형 투자이다.

차익형 투자는 단순히 3~4%의 임대수익에 만족하지 않고 상가의 가치를 높여 더 비싼 가격에 매도하는 방식이다. 요즘은 연예인들의 부동산 투자 사례에서도 자주 등장할 만큼 상가투자의 대세 전략으로 자리 잡아가고 있다. 예를 들어 1개의 구분상가를 잘 꾸며 높은 가격에 매도하고 그 수익으로 2개의 상가를 매입하는 식이다. 이렇게 재투자를 반복하다 보면 결국 나만의 건물 1채를 보유하는 단계까지 나아갈 수 있다. 나 역시 이런 매매차익형 투자 방식을 선호한다. 늘 좋은 지역을 발굴하기 위해 발품을 아끼지 않는 것도 이런 이유 때문이다.

처음 상가를 공부하던 시절에는 임대수익만 바라봤다. 다른 방법을 알지 못했기 때문이다. 하지만 2016년부터 2020년까지 이어진 부동산 상승 국면 속에서 매매차익 전략이 시장의 주류로 부상하는 것을 직접 경험하며 나의 투자 관점은 완전히 바뀌었다.

이제는 많은 투자자들이 임대수익형과 차익형을 함께 고려한다. 다만 반드시 기억해야 할 점이 있다. 2016년부터 2020년까지의 5년은 이례적으로 강한 상승기였다는 것이다. 앞으로도 같은 방식이 통할 것이라는 보장은 없다. 금리, 경기, 정책 등 예측하기 힘든 변수가 언제든 등장할 수 있기 때문이다.

📍 가치가 오르길 기다리지 말고 직접 만들어라

입지가 좋은 상가는 이미 가격이 높게 형성되어 있다. 이런 상가가 급매로 나오기를 기다리는 것도 방법이지만 더 적극적인 전략은 '가치를 직접 만들어내는 것'이다. 기존 업종을 다른 업종으로 바꿔 임대료를 높이거나 리모델링을 통해 전혀 다른 수요층을 끌어들이는 방법이 대표적이다. 심지어 임대인이 직접 콘텐츠를 기획해 공간을 운영하는 경우도 있다. 이렇게 상가의 수익 구조를 스스로 바꿔낼 수 있다면 매매가 역시 자연스럽게 상승한다. 이것이 차익형 투자의 핵심이자 앞으로 우리가 주목해야 할 상가투자 전략이다.

상가는 레고 블록과 닮아 있다. 레고는 만드는 사람에 따라 수백 가지 형태로 조립할 수 있다. 집이 되기도 하고, 빌딩이나 백화점이 되기도 한다. 상가도 마찬가지이다. 주인의 결정에 따라 이번엔 음식점이었다가 다음엔 의류 매장으로, 그다음엔 커피숍으로 바뀔 수 있다. 이처럼 공간의 용도를 바꾸는 것을 우리는 '용도변경'이라고 부른다. 상가의 가장 큰 매력 중 하나는 바로 이런 유연성이다.

상가의 가치를 높여 주는 용도변경

- 주택(단독, 다가구)을 꼬마빌딩으로 용도변경
- 상가를 다른 업종으로 용도변경

용도변경은 단순히 업종을 바꾸는 일이 아니라 부동산이 본래 가진 법적 용도를 바꾸는 절차이다. 부동산은 원래 정해진 용도 외에 다른 용도로 사용하려면 해당 용도에 맞는 시설 요건을 제대로 갖췄는지에 대해 검사와 허가를 받아야 한다. 그 과정 없이 바로 사용하게 되면 위반건축물로 지정될 수 있다.

예를 들어, 단독주택이나 다가구주택을 카페나 음식점으로 바꾸고 싶다면 단지 인테리어만 바꾸는 걸로 끝나는 것이 아니라 관할 행정기관의 허가를 받는 정식 절차를 거쳐야 한다. 허가 없이 영업을 시작하면 위반건축물로 지정되어 과태료나 행정처분을 받을 수 있다.

이렇게 번거로운 절차를 밟는 가장 큰 이유는 공실 문제를 해결하기 위해서이다. 임차인을 찾기 어렵거나 수익이 나지 않는 상가를 더 잘 나가는 업종이 들어올 수 있도록 구조를 바꾸기 위해 용도변경을 시도하는 것이다. 용도변경을 통해 건물의 자산가치 자체가 수천만 원에서 수억 원까지 상승하기도 한다. 이른바 앉아서 돈 버는 구조가 만들어지는 셈이다.

예를 들어 입지나 상권이 약한 곳의 상가를 용도변경하여 인지도 높은 프랜차이즈 매장이 들어오면 권리금과 임대료가 인상된다. 고시원도 가치를 폭발적으로 끌어올리는 업종 중 하나이다. 기존에 몇 개 층을 일반 임대로만 운영하던 상가를 고시원으로 리모델링하면 작은 방 수십 개가 생기면서 월 수익이 수백만 원에서 수천만 원대로 늘어나는 경우도 생긴다.

단, 아무 상가나 되는 것은 아니다. 먼저 상가의 현재 용도와 업종, 변경 가능성을 명확히 알고 있어야 한다. 허가가 나지 않는 지역일 수도 있고 구조적으로 업종 전환이 어려운 건물일 수도 있어 전문가에게 컨설팅을 맡기는 경우도 많다. 그래서 경험 많은 투자자들조차 용도변경은 신중하게 접근한다.

이제부터 우리가 집중해야 할 것은 공간 자체가 아니라 그 안에서 어떤 '업종'이 들어올 수 있는지이다. 그 업종의 변화가 어떤 수익 구조를 만들 수 있는지를 판단해보자.

📍 합치면 상가의 가치가 2배 높아진다

이번엔 작은 상가 여러 개를 합쳐서 가치를 높인 사례를 살펴보자. 수원 시내의 특이한 형태의 상가 3채(가, 나, 다)를 한꺼번에 낙찰받은 적이 있다. 각각의 상가는 따로 떨어진 공간이었고 임대료도 들쭉날쭉했다. '가' 상가는 대로변에 접해 장사가 잘됐지만 '나'와 '다'는 골목 안쪽이라 임대료도 낮고 공실 우려가 있었다.

상황을 바꾼 건 바로 발상의 전환이었다. 나는 세 임차인 모두와 명도를 협의한 뒤, 세 상가를 하나로 묶어 프랜차이즈가 들어올 수 있는 규모로 만들었다. 결과는 기대 이상이었다. 총 임대료는 기존 대비 2배 이상 상승했고 상가의 전체 가치도 크게 올랐다.

이런 방식은 단독주택을 매입할 때도 자주 쓰인다. 예를 들어 대로변의 집과 골목 안쪽의 집을 함께 매입한 뒤 담을 터서 하나의 상가로 묶는 방식이다. 이는 입지의 가치를 이동시키고 공간의 활용도를 높이는 방법으로 골목 안의 죽은 공간도 돈이 되는 자리로 변하곤 한다.

코로나 시기에는 유흥업소 상가가 대거 매물로 쏟아졌다. 당시 한 상가투자 고수는 이 상가들을 저가에 매입한 후 업종을 변경해 큰 수익을 거두었다. 유흥업소 대신 카페, 베이커리, 오피스 등의 업종으로 재구성한 것이다.

이렇게 임장을 다니며 아이디어를 떠올리고 연구하면 누구든지 상가의 가치를 새롭게 만들어낼 수 있다. 이것이 바로 상가 가치투자의 진짜 묘미가 아닐까?

업종은
상권의 바로미터다

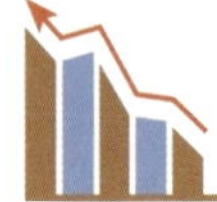

📍 건물의 가치를 높이기 위해 꼭 알아야 할 '업종'

낯선 지역에 갔을 때 단 5분 만에 그 상권의 성격을 파악할 수 있는 방법이 있다. 지도도 통계도 필요 없다. 딱 하나만 보면 된다. 바로 '업종'이다. 상가에 대해 아무것도 모르는 사람조차 그 지역에 어떤 업종이 들어와 있는지만 봐도 그곳이 젊은 층 상권인지, 주거 밀집형인지, 유동 인구가 많은지 등 대략적인 특성을 금세 알 수 있다.

예전에 업종은 오로지 임차인의 선택이었다. 임대인들은 불법 업종이 아니라면 크게 관여하지 않았고, 어지간한 장사는 다 먹고살 수 있다는 믿음이 있었다. 하지만 이제는 다르다. 소득 수준이 높아지고 건물 구조가 고층화되면서 업종이 세분화되고 다양화되었다. 특히 프랜차이즈의 급속한 확산은 업종의 중요성을 완전히 다른 차원으

212

건물 전체에 유흥업종이 입점해 있는 부산동래온천의 상가 건물

로 끌어올렸다.

이제 건물의 가치를 높이기 위해서는 경쟁력 있는 업종을 입점시키는 것이 핵심 전략이 되었다. 임대인도 업종을 반드시 알아야 하는 시대가 된 것이다.

최근에는 상가의 외형이나 층수보다 '업종 구성'과 '업종 간 밸런스'가 훨씬 더 중요해졌다. 층별로 다양한 업종이 조화를 이루고 서로 시너지를 낼 수 있는 구조라면 사람들은 더 오래 머물고 더 자주 방문하게 된다. 그리고 그 결과는 자연스럽게 건물의 수익성과 매매가 상승으로 이어진다.

반대로 특정 업종만으로 채워진 건물은 리스크가 크다. 경기가 나빠지거나 트렌드가 바뀌면 한꺼번에 공실이 날 수 있기 때문이다. 그래서 요즘에는 업종 구성이 곧 건물의 안정성 지표가 되고 있다.

📍 좋은 상권에는 '3고 업종'이 있다

잘되는 상권에는 공통점이 있다. 바로 '놀고, 먹고, 입고' 3가지 업종이 모두 포진해 있다는 점이다. 이를 '3고 업종'이라고 부른다. 3고 업종은 상권의 밀도와 수준, 유동인구의 성격까지 보여주며 이 3가지가 얼마나 다양하고, 얼마나 잘 구성되어 있느냐에 따라 그 지역의 상권 경쟁력이 달라진다.

과거 명동, 종로, 신촌은 대표적인 중심 상권이었지만 지금은 강남, 홍대 같은 상권이 뜨고 있다. 왜일까? 업종 구성이 다르기 때문이다.

예전에는 유흥이나 먹자 중심의 단순한 상권이 주류였다면 요즘은 경험형 소비와 복합 소비 구조가 주도하는 상권이 인기를 끌고 있다. 프랜차이즈 카페, 라이프스타일 브랜드, 체험형 콘텐츠 매장 등 다양한 업종이 공존하는 상권이야말로 요즘 세대가 찾는 곳이다.

상가 투자자는 더 이상 그냥 임대만 주면 된다는 태도로는 살아남기 어렵다. 이제는 어떤 업종이 들어와야 내 건물의 가치가 올라갈지, 업종 간의 시너지가 어떻게 작용하는지를 보는 눈과 감각이 필요하다. 업종은 상권의 바로미터이며 그 바로미터를 읽을 줄 아는 사람이 상가투자의 승자가 된다.

'놀고'는 요즘 가장 핫한 요소이다. PC방, 노래방, 멀티방, 만화방 같은 이른바 '방' 업종이 대표적이다. 극장, 오락실, 사격연습장 같은 여가 시설도 모두 포함된다.

최근에는 '짱오락실', '대빵오락실'처럼 브랜드화된 오락실이 등장

놀고	입고(패션, 이미용)	먹고
CGV, 메가박스, 롯데시네마	나이키, 아디다스	스타벅스, 투썸플레이스, 메가커피
오락실(짱오락실, 개별 오락실 등)	무신사, H&M, ZARA	파리바게뜨, 배스킨라빈스31
PC방, 멀티방, 홀덤	ABC마트	쉑쉑버거, 다운타우너, 노티드
노래방(코인)	올리브영	맥도날드, 롯데리아, 버거킹
사격연습장	리안, 박승철, 준오, 이철	한신포차, 인쌩맥주, 역전할매

했고, 네 컷 사진숍과 뽑기방도 새로운 트렌드로 자리 잡았다. 실제로 강남의 한 골목에는 불과 100m 안에 네 컷 사진숍이 7개나 몰려 있을 정도이다.

특히 '먹고' 업종은 상권의 기반이다. 고깃집, 주점, 이자카야, 곱창집, 족발집, 횟집 등 먹고 마시는 업종은 언제나 상권의 핵심이다. 전통 있는 한신포차, 새마을식당부터 인쌩맥주, 역전할머니맥주, 하이볼 바 같은 최신 트렌드 주점까지 고루 들어서야 한다.

카페나 음료 브랜드도 빼놓을 수 없다. 스타벅스, 메가커피, 투썸플레이스, 공차, 설빙 같은 브랜드가 대표적이다. SPC그룹의 파리바게뜨, 배스킨라빈스 역시 여전히 중요한 자리를 차지한다. 특히 유흥업소를 제외한 일반 식음료 업종은 많고 다양할수록 상권의 힘이 커진다.

마지막으로 '입고' 업종은 상권을 풍성하게 만든다. 의류와 이미용 업종은 상권을 완성하는 요소이다. ZARA, H&M, 무신사, 나이키, 아디다스 같은 글로벌·국내 브랜드부터 미용실, 네일숍, 피부관리숍까지 이 업종에 포함된다. 화장품 브랜드인 올리브영, 라네즈, 이니스프리 등도 필수 업종이다. 여성 고객은 남성보다 업종 이용 폭이 넓어서 여성 중심 업종이 들어서면 상권은 더 풍성해지고 안정적으로 운영된다. 그러나 좋은 상권이라면 남녀 모두를 아우르는 업종 구성이 갖춰져 있어야 한다.

📍 '스타벅스 상권'을 주목하라

업종에도 당연히 등급이 있다. 1군 업종은 유명 프랜차이즈 브랜드들이다. 이들은 인지도와 충성도가 높아 안정적인 매출을 만들어 낸다. 그래서 유명 프랜차이즈가 얼마나 입점했는지는 상권 경쟁력을 보여주는 확실한 지표이다.

브랜드 커피 영업이익(2021년)

순위	브랜드명	영업이익
1	스타벅스	2,933억 원
2	메가커피	422억 원
3	투썸플레이스	371억 원
4	이디야	190억 원
5	컴포즈커피	160억 원
6	탐앤탐스	-59억 원
7	커피빈	-76억 원

출처: 공정거래위원회

특히 스타벅스는 상권 평가의 대표 기준이다. 입점 수가 많으면 강한 상권, 없으면 평범한 상권으로 분류된다. 실제로 2021년 공정거래위원회 자료에 따르면 스타벅스는 프랜차이즈 카페 전체 영업이익의 절반 이상을 차지했다. 스타벅스를 필두로 메가커피·투썸플레이스·이디야 등이 그 뒤를 잇고 있다. '스타벅스 상권'이라는 말이 괜히 생긴 게 아니다.

📍 헌혈의 집이 있는 곳은 상권이 좋다

헌혈은 누구나 할 수 있는 게 아니다. 약을 복용하는 경우에는 헌혈이 제한되고, 40대 이상은 고혈압·당뇨 등 기저질환으로 참여가 어렵다. 그래서 헌혈의 주요 대상은 건강한 20~30대이며 영화티켓 같은 문화상품이 늘 보상으로 제공되는 이유도 여기에 있다.

따라서 헌혈의 집은 젊은 층이 자주 다니는 곳에 자리 잡는다. 또 젊은 층은 대중교통 이용률이 높기 때문에 자연스럽게 대중교통이 발달한 입지와 연결된다. 대중교통이 잘 갖춰진 곳은 유동 인구가 풍부하고 다양한 업종이 모이며 상권 자체가 활성화되어 있다.

실례로 헌혈의 집은 홍대, 영등포, 강남 등 대표적인 번화가에 있다. 즉, 헌혈의 집이 입점해 있다는 사실만으로도 그 지역이 유동성이 풍부하고 상권력이 강하다는 신호가 된다.

반대로 어떤 업종이 많으면 상권이 약하다고 판단할 수도 있다. 대표적인 것이 기술 서비스업과 배달 중심 업종이다. 공구상가, 자동차

홍대, 영등포, 강남 등 서울의 핫한 상권에 있는 헌혈의 집

218

수리점, 세차장 같은 업종은 상권보다는 기능 위주의 지역에서 흔하다. 신문·우유 대리점, 이삿짐센터, 배달 전문 음식점 역시 오프라인 유입보다는 물류나 배달 중심으로 운영된다. 봉제공장, 기계 판매업, 교회 등도 유동 인구보다는 고정 수요를 기반으로 하는 업종이다. 이런 업종들이 밀집해 있다면 해당 지역은 유동 인구가 부족하고 상권력이 약한 곳으로 볼 수 있다.

이처럼 업종은 그 자체로 상권의 지표이다. 이를 해석할 줄 안다면 초보자도 단 몇 분 안에 낯선 상권의 수준을 가늠할 수 있다.

신축 아파트가 불러오는
학원 수요에 주목하라

📍 판단이 가장 어려운 '회색 상권'

상권 투자에서 업종별로 분위기가 명확하게 갈리는 지역은 판단하기 쉽다. 좋은 상권은 업종도 좋고 공실도 적다. 반대로 상권이 약한 지역은 한눈에 봐도 공실이 많고 업종도 지리멸렬하다. 문제는 그 중간쯤에 있는 애매한 지역들이다. 겉보기에는 상권이 살아있는 듯하지만 자세히 들여다보면 침체의 조짐이 보이는 이런 지역은 투자자 입장에서 판단이 가장 어려운 회색 지대이다.

대표적인 사례가 과거 호황을 누렸던 상권이 점진적으로 쇠퇴하는 경우이다. 7080세대를 타겟으로 한 아웃도어 브랜드나 중장년층 의류 브랜드가 집중됐던 거리를 떠올려보자. 한때 이런 업종들로 가득 찼던 거리는 주 고객층인 7080세대의 소비 위축과 함께 매출이 감소하기 시작했다. 이제는 하나둘 문을 닫거나 중심가에서 변두리로, 또는 재래시장 인근으로 이전하는 모습을 보인다. 이처럼 핵심 업종이 상권의 중심을 벗어나 이동하는 패턴 자체가 쇠퇴의 신호이므로 투자에 매우 신중해야 한다.

정반대의 상황도 존재한다. 과거 주목받지 못했던 지역이 서서히 변화의 기운을 보이는 경우이다. 이런 곳에서는 오히려 투자 기회를 발견할 수 있다. 예를 들어 자동차 정비소 옆이나 오래된 호프집 자리에 프랜차이즈 카페가 들어서는 현상을 목격한다면 주목해야 한다. 상권이 '전환기'에 있다는 중요한 신호이기 때문이다.

이런 상황을 흔히 '업종이 깨져 있다.'라고 표현하는데 이 깨진 조각들이 미래의 상권으로 재조합될 가능성도 있다. 이런 가능성을 분석할 때 유용한 도구가 바로 과거 거리뷰이다. 예전에 어떤 업종이 자리했고 현재 어떤 브랜드로 교체됐는지를 추적하면 상권의 진행 방향을 읽을 수 있다. 마포구 아현·공덕·대흥역 일대처럼 낡은 빌라촌에서 아파트 중심의 현대적 주거지로 급속히 변모하면서 상업 시설도 그에 맞춰 새롭게 재편되고 있는 곳들을 과거 거리뷰로 살펴보자.

📍 아파트 입주는 학원 수요로 이어진다

신축 아파트 단지가 조성되면 가장 먼저 나타나는 변화는 인구 구성의 변화이다. 중장년층 위주였던 지역에 30~40대 맞벌이 부부와 자녀들이 대거 이주해 온다. 이들의 소득 수준과 소비 패턴은 상권에 전에 없던 수요를 창출한다. 과거 존재하지 않았던 교육 수요가 생겨나고 이에 따라 학원이 입점하며 학부모들을 대상으로 한 프랜차이즈와 생활 편의 업종들이 연쇄적으로 들어서게 된다. 아현뉴타운 근처에 형성된 학원가가 대표적인 사례이다.

학원은 셔틀버스를 운영할 수 있어 교통 접근성만 확보되면 중심가에서 다소 벗어난 곳에서도 충분히 경쟁력을 갖는다. 오히려 임대료가 높은 핵심 상권보다는 비용 부담이 적고 상대적으로 조용한 지역을 선호하는 경향이 있다. 이런 특성 때문에 특정 지역에 학원들이 하나둘 모여들기 시작하면서 어느새 학원가로 발전하는 사례를 자주 볼 수 있다.

아현뉴타운 주변에 형성된 학원가

출처 : 네이버지도

대흥역 주변은 이러한 변화를 가장 잘 보여주는 곳이다. 과거에는 학원 수요 자체가 미미했던 동네였지만 신축 아파트 입주 이후로 학원가가 형성되었고 1층 상가 업종도 아이들을 위한 간식집, 프랜차이즈, 부모 대상 업종 등으로 빠르게 교체되었다.

하지만 이 같은 변화가 항상 '고급 상권'으로 이어지는 것은 아니다. 대흥역 학원가는 결국 신촌·홍대·망리단길 같은 대형 상권과 비교하면 임대료나 집객력 면에서 한계를 드러낸다. 학원 업종 특성상 대치동처럼 독립된 브랜드 파워가 없는 이상 특정 지역이 학원가로 변했다고 해서 상권 전체가 프리미엄화되지는 않는다.

따라서 변화 자체에만 기대를 거는 것보다는 적정 수익을 확보했을 때 매도하는 전략적 접근이 필요하다. 과거보다 나아진 상권이라는 것은 분명 의미 있는 변화지만 무작정 장기 보유만으로는 수익을 극대화하기 어렵다. 일정한 성과를 거뒀다면 욕심을 부리기보다 적절한 시점에서 정리하는 것이 현명한 판단일 수 있다.

상가투자 판단에서 가장 큰 장애물은 보유 물건에 대한 주관적 애착이다. 내 것을 좋게 보고 싶은 심리는 냉철한 판단을 방해한다. 감정을 배제하고 오직 데이터와 현장 조사를 바탕으로 객관적 평가를 내려야 한다.

또 다른 사례를 살펴보자. 목동 학원가 인근의 신정네거리역은 대규모 아파트 단지가 입주했음에도 학원 수요가 대부분 기존 목동 학원가로 흡수되는 현상을 보였다. 거리상으로는 다소 떨어져 있지만 이미 체계화된 학원 시설과 인프라를 갖춘 목동을 선택하는 수요가 압도적이었기 때문이다.

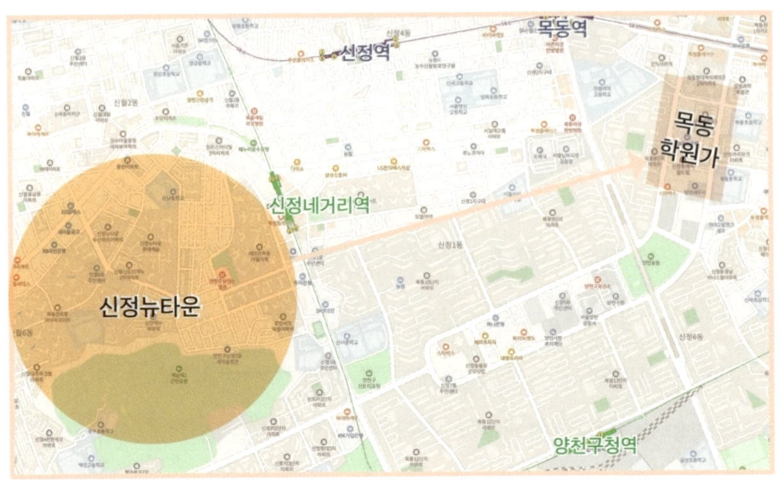

신정뉴타운 주민은 목동 학원가를 이용하고 있다. (출처 : 네이버지도)

이처럼 새 아파트가 들어섰다고 해서 반드시 주변 상권이 따라 좋아지는 것은 아니다. 기존 상권의 흡입력이 강하면 주변 상권이 활성화되기 어렵다. 신정네거리 주변도 편의점, 프랜차이즈, 생활업종 등이 증가하며 분명 예전보다 나아졌지만 주도권을 가진 상권으로 성장하기에는 한계가 있는 상황이다.

상가건물임대차보호법이 투자 기회를 만든다

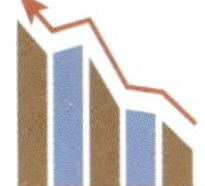

📍 상가건물임대차보호법은 무엇일까?

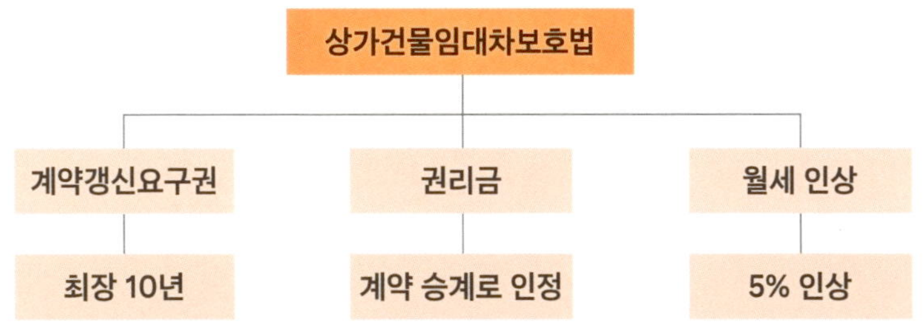

흔히 '상임법'으로 불리는 '상가건물임대차보호법'은 2001년에 상가 임차인의 권리를 보호하기 위해 제정된 법이다. 처음에는 최소한의 생존권을 지켜주는 데 초점을 맞췄지만 시간이 흐르며 임차인의 권리가 점점 더 강화되었다. 지금은 임차인이 계약갱신요구권을 행

사해 최장 10년까지 계약을 연장할 수 있고, 권리금을 다음 임차인에게 승계하도록 요구할 수 있는 권리도 보장받을 수 있으며 임대료 인상 역시 연 5% 이내로 제한된다.

따라서 임대인은 임차인을 선택하는 순간부터 훨씬 더 신중해야 한다. 급한 마음에 사무업종 임차인을 들였다가 상권이 커진 뒤 프랜차이즈 입점을 원해도 기존 임차인이 갱신요구권을 행사하면 10년 동안 교체가 불가능하다. 공실 해소가 급하다고 아무나 들였다가는 10년 동안 손발이 묶일 수 있는 것이다.

또 하나 주의할 점은 임차인의 성공은 곧 높은 권리금으로 이어진다는 점이다. 상가가 잘되는 건 좋지만 나중에 매매나 임차인 교체를 고려할 때 이는 장애물이 될 수 있다. 임대료 역시 처음부터 너무 낮게 책정하면 추후 수익률 개선이 어렵다. 월세를 적절히 높이고 대신 일정 기간 렌트프리(무상 임대) 조건을 제안하는 것이 장기적으로 유리하다.

계약 기간 역시 상권의 방향성에 따라 조정이 필요하다. 상승 가능성이 높은 상권이라면 1년 단위 계약으로 유연성을 확보하고, 하락이 우려되는 지역이라면 장기 계약으로 안정성을 추구하는 전략이 효율적이다. 다만, 장기 계약을 할 경우 그 지역의 발전 가능성과 공실 리스크를 미리 철저히 점검해두어야 한다.

📍 상임법을 활용한 '가치 회복형 투자'

상임법이 무조건 임대인에게 불리한 법처럼 느껴질 수도 있다. 그러나 상임법은 분명 임차인 보호를 위해 만들어졌지만 그 내용을 정확히 알고 활용하면 오히려 투자 전략의 유연성을 높여주는 도구가 된다.

상권이 애매하거나 정비 중인 지역에는 의외로 좋은 기회가 숨어 있다. 이른바 '업종이 깨진 지역', 즉 정비 전환기나 혼재 상태에 있는 상권에서 임대인들은 종종 상가를 매도하고 싶어 하지만, 아직 임차인의 계약갱신요구권이 남아 있어 자유롭게 팔지 못하는 경우가 많다. 이럴 때는 매수자가 보유 중인 잔여 계약 기간을 이유로 매매가 인하를 요구할 수 있다. 이런 상황은 오히려 매수자에게 기회의 문이다. 인하된 가격으로 매수한 후 임차인과 원만한 협의를 통해 조기 명도를 이끌어내고, 그 자리에 더 나은 업종과 임대 조건을 세팅하면 상가의 가치가 크게 올라간다. 적절한 명도 보상은 아끼지 않는 게 좋다. 싸게 내보내는 데 집중하기보다는 합리적인 보상을 통해 빠르게 세팅을 마무리하는 것이 더 큰 수익을 만든다.

장기적인 전략으로는 경매를 통한 상가 확보도 고려해볼 만하다. 경매의 장점 중 하나는 바로 임차인의 계약갱신요구권을 원천적으로 무력화할 수 있다는 점이다. 임차인이 보증금 배당을 신청하면 경매 낙찰자가 등장했을 때 점포를 비워줘야 하는 의무가 생긴다. 덕분에 낙찰자는 시세에 맞는 새로운 조건으로 계약을 체결할 수 있으며 협의가 어렵다면 임차인 교체도 가능하다.

주변 시설의 가치가
업종을 바꾼다

📍 병원이 만드는 새로운 상권

서울아산병원은 대기업이 운영하는 대형병원 시대를 연 상징적인 존재이다. 서울아산병원이 개원한 이후 삼성서울병원, 연세세브란스병원이 차례로 문을 열며 1,000병상 이상 규모의 시대가 본격적으로 열렸다.

초고령 사회로 접어들며 대형 병원 수요는 점점 커지고 있고, 특히 첨단 장비와 전문 인력이 핵심 경쟁력으로 떠오르면서 서울아산병원은 전국 각지의 환자들이 찾는 대표 병원으로 자리 잡았다. 다만 위치가 송파구에서도 접근성이 떨어지는 곳이다.

서울아산병원은 북쪽은 10차선 대로, 동쪽은 한강, 남쪽과 서쪽은 성내천으로 둘러싸여 있다. 이런 지형적 특성 때문에 대중교통이든

출처 : 카카오맵

자가용이든 병원을 찾는 사람들의 동선은 매우 제한적이고 일정하다. 그리고 이 동선은 병원 상권을 만들어내는 실질적인 흐름이다.

대형 병원은 처방전을 제공하고 환자들은 그 약을 사기 위해 주변 약국을 찾는다. 자연스럽게 약국은 병원과 붙어 다니게 된다. 하지만 서울아산병원 주변은 상업시설을 수용할 수 있는 자리가 거의 없어 학교, 세무서, 아파트 단지가 전부였다. 약국이 들어설 자리가 부족하니 진입장벽이 높아지고 경쟁은 치열해지는 현상이 발생했다.

이런 상황에서 서울아산병원 인근 아파트 단지가 재건축되며 새로운 기회가 열렸다. 697세대 규모의 단지 내 상가(①)에는 생활밀착형 업종이 아닌 약국과 세무사 사무실이 1층부터 5층까지 빽빽하

서울아산병원 도보·차량 동선에 있는 아파트 단지 내 상가(①)로 약국 업종으로 1층이 채워져 있다.

게 들어찼다. 그러다 보니 흔히 1층에 있어야 할 편의점이 2층에 자리 잡을 정도로 경쟁이 치열하다.

지하철 강동구청역을 이용하는 병원 방문자들이 주로 이용하는 이 상가의 업종을 보면 주변에 병원과 세무서가 있다는 것을 짐작할 수 있다. 배후 조건을 읽을 줄 안다면 이 상가는 무조건 확보해야 할 상가 중 하나이다.

약국의 수요는 병원 규모에 비례해 늘어나는데 서울아산병원 바로 앞에는 상가 자리가 없어 도로 건너편까지 약국 상권이 확장되기 시작했다. 북쪽 대로변, 즉 10차선 건너편은 낙후된 지역이었다. 위례성 복원을 위해 이주가 이루어지던 곳으로 상권이라고 부르기도 애매한 곳이었다. 그런데 서울아산병원으로 인한 약국 수요는 이 동네의 성격을 바꿨다. 처음엔 약국 몇 곳이 들어서더니, 이제는 수십 명이 호객행위를 하는 전국 최고 수준의 약국 상권이 되었다.(②) 이

곳은 강북 지역에서 오는 병원 방문자들이나 올림픽 도로를 이용하는 사람들이 주로 이용한다.

대형병원 주변에는 약국 외에도 반드시 따라붙는 업종들이 있다. 병원에서 긴 시간을 보내야 하는 보호자들과 장기 치료 환자들을 겨냥한 고시원, 오피스텔, 식당가, 그리고 의료기기 판매점들이다. 이들은 마치 생태계를 이루듯 유기적으로 연결되어 있다.

서울아산병원의 사례는 주변 시설이 업종을 좌우하고, 사람들의 동선이 수익 구조를 만든다는 것을 보여준다. 주변 환경과 유동 인구의 흐름, 그리고 필연적으로 형성되는 업종의 조합까지 꿰뚫어 보는 안목은 상가 투자자가 갖춰야 할 핵심 역량이다.

임대인을 넘어 사업가의 시선으로

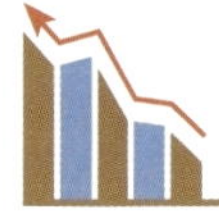
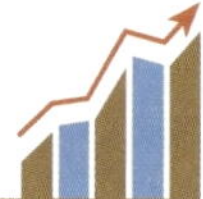

📍 내 상가 수익, 임대 말고 사업으로 극대화하는 법

공실이 길어지면 임대수익은커녕 관리비와 이자만 부담해야 한다. 이런 경우 그 공간을 내 사업의 무대로 바꾸면 이야기는 달라진다. 임대를 놓기 위해 매달려 있는 것보다 내가 직접 쓰는 것이 더 큰 수익을 만들 수도 있다. 물론 모든 사람이 창업을 할 수는 없다. 하지만 창업을 '운영'이 아니라 '기획'으로 접근한다면 공실은 손실이 아니라 기회가 된다.

가령 5층, 전용 70평짜리 상가를 임대한다고 가정해보자. 평당 임대료가 4만 원에서 5만 원 수준이면 월 임대수익은 280만 원에서 400만 원이다. 하지만 이 금액에서 대출 이자를 제하면 실제 순수익은 크지 않다. 금리가 오른다면 수익은 더 줄어들 수밖에 없다. 그러나 그 상가에서 내가 직접 사업을 잘 운영하면 임대수익의 몇 배에 달하는 수익을 낼 수도 있다.

상가를 빌려 사업을 하다가 접게 되면 '원상복구'라는 조건이 발목을 잡는다. 상가 계약은 기본적으로 시설을 철거하고 원래 상태로 돌려놓는 것이 원칙이기 때문에 50평 상가 기준 수천만 원의 복구비용이 발생할 수 있다.

하지만 내 상가라면 시설 투자도 자산 가치로 전환될 수 있고 원상복구 리스크도 없다. 게다가 사업 수익을 통한 수익 극대화도 가능하다.

많은 사람들이 상가투자를 '임대사업'으로만 생각한다. 하지만 요즘은 단순 임대만으로서는 기대 이상의 수익을 얻기 어렵다. 더 빠르고 더 높은 수익을 원한다면 공간을 어떻게 활용하고 어떤 수익 모델

일반 독서실·프리미엄 독서실·스터디카페 점포 수 변화 추이(2014~2022)

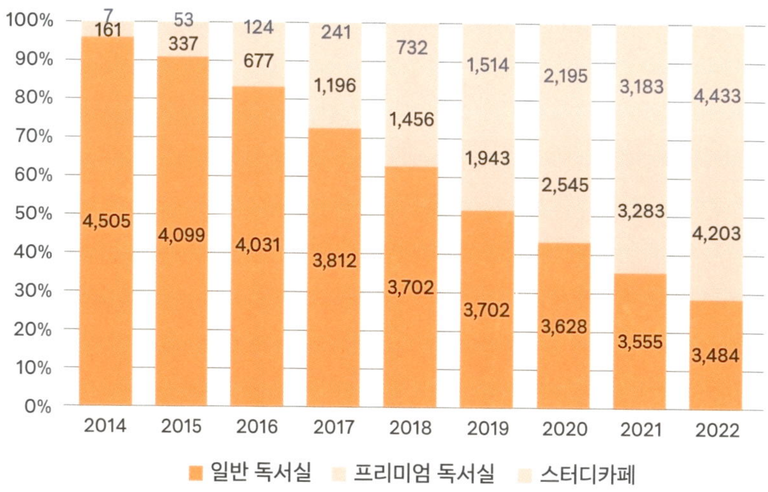

(출처: 아이엔지스토리)

을 접목할 수 있는지 끊임없이 고민해야 한다.

만약 나만의 사업 콘텐츠가 있다면 금상첨화이다. 하지만 그런 것이 없다면 경험이나 지식이 전무한 임대인 입장에서는 공간임대형 사업이 가장 현실적이고 확실한 수익 모델이 될 수 있다.

초보자라면 창업 업종은 기술 없이도 운영 가능하고 수고를 덜 수 있는 구조여야 한다. 대표적인 예가 스터디카페와 소호사무실이다. 이 두 업종은 지난 몇 년간 창업 시장에서 큰 인기를 끌었고, 실제로 나의 주변에도 이 업종으로 창업한 이들이 많았다.

특히 스터디카페는 초창기에는 성공률이 높았다. 하지만 창업자가 몰리면서 지금은 포화 상태에 이르렀고 수익이 나지 않는 매장들도 속출하고 있다. 업종 자체가 나빠졌다기보다 입지 판단을 잘못했거나 공급 과잉이 발생한 결과이다.

소호사무실 역시 비슷한 흐름을 보였다. 법인 설립 붐이 일면서 수익률이 좋다는 입소문에 많은 창업자가 몰렸지만, 이후 시장 분위기가 바뀌면서 수요가 줄었다. 다만 은퇴하는 베이비붐 세대가 늘어나면서 소규모 업무 공간에 대한 수요는 여전히 존재하고 있다. 보증금과 관리비 부담 없이 사무공간과 기본 서비스를 제공받을 수 있다는 점에서 앞으로도 꾸준한 수요가 기대된다.

우리의 목표는 남들보다 더 빠르게, 더 높은 수익을 올려 경제적 자유를 실현하는 것이다. 따라서 다양한 수익 모델을 시도할 수 있는 시야를 가져야 한다. 임대인이라 하더라도 창업 시장에 대한 꾸준한 관심과 학습하는 자세는 선택이 아닌 필수이다.

📍 특수상가에서 사업으로 수익 내기

상가는 주거단지 상가, 근린상가, 상가주택 등 다양한 형태로 나뉜다. 그런데 최근 들어 눈에 띄게 증가한 것이 있다. 바로 특수목적 건물 내 상가이다. 그중에서도 대표적인 것이 호텔 내 상가이다.

호텔은 크게 일반 호텔, 관광 호텔, 생활형 숙박시설의 3가지로 나눌 수 있다. 특히 '생활형 숙박시설'은 전국적으로 붐을 일으킨 주인공이다. 고성에서부터 제주 서귀포까지 전국 주요 관광지에 생활형 숙박시설이 들어섰고 숙박 기능을 넘어 다양한 상업시설과 편의시설이 결합된 형태로 발전하고 있다.

생활형 숙박시설 내 상가에는 커피숍, 바(Bar), 레스토랑, 뷔페 등 여러 업종이 입점해 있다. 이러한 상가들은 생활형 숙박시설의 브랜드, 위치, 규모에 따라 분양 성적도 크게 달라진다. 상업시설이 잘 운영되는 곳은 생활형 숙박시설과 상가가 서로 시너지를 낸다. 반면, 외형은 그럴듯하지만 상가는 공실로 남아 있는 경우도 많다.

강릉 경포대에 위치한 호텔의 공실 상가에서 기회를 찾은 사례를 살펴보자. 강원도 경포대는 우리나라 대표 관광지 중 하나이다. 해안선을 따라 다양한 생활형 숙박시설과 호텔이 줄지어 들어서 있고, 지금도 공사가 한창이다. 그중에서도 '스카이베이'는 경포대 일대에서 가장 눈에 띄는 건물이다. 싱가포르 마리나베이샌즈를 연상시키는 외관과 옥상 수영장, 바다 전망으로 유명한 호텔이지만 1층 상가 일부는 오랜 기간 공실로 남아있었다. 구조도 좋고 위치도 뛰어난데 왜 비었을까 궁금해 직접 현장을 찾아가 보니 구조나 외관은 흠잡을 데

강릉 스카이베이 전경

스카이베이 내부 상가

가 없었다. 상가의 잠재력을 믿었고 지금이 기회일 수 있다는 생각이 들어 매수해 직접 소매점을 운영해보기로 했다.

여러 브랜드를 비교한 끝에 당시 전국적으로 유행하던 무인 아이스크림 매장으로 결정했다. 브랜드 본사와 협의해 시스템을 갖추고 강릉 시내 유통망과 계약을 체결해 제품 납품 라인을 안정화했다.

내부 공사도 무리 없이 진행되었고 드디어 영업을 시작했다. 매장 운영은 계절과 고객층에 맞게 상품 구성을 유연하게 바꾸는 전략을 썼다. 성수기에는 시원한 아이스크림과 음료류를 늘리고, 비수기에는 간편식이나 스낵류 위주로 전환했다. 그 결과 숙박객들이 꾸준히 방문하는 매장으로 자리 잡았다.

이 매장이 활기를 띠자 옆의 공실이던 상가들도 하나둘씩 문을 열기 시작했다. 새로운 업종들이 들어서자 고객들의 동선도 더욱 활발해졌다. 이렇게 특수목적 상가라 하더라도 지역과 업종을 잘 선택하면 성공 가능성은 충분하다.

2

임대수익과 시세차익을 동시에 얻는

1석2조 투자법

- 리모델링과 용도변경

구분상가부터 시작해 건물주가 되기까지

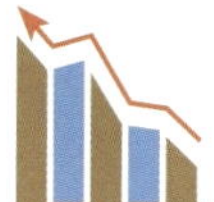

📍 건물주가 되기 위한 발판, 꼬마빌딩

기준금리 1%대 저금리 시절에 상가투자는 '월세 나오는 알짜 재테크'로 통했다. 대출 이자는 낮고 공실만 피하면 매달 안정적인 수익이 들어오던 때였다. 많은 투자자들이 상가로 눈을 돌린 것도 그 무렵이다. 하지만 이 모든 게 불과 2년 만에 뒤바뀌었다.

2022년부터 시작된 고금리 시대의 도래는 상가 투자자에게 뼈아픈 현실을 안겨주었다. 낮은 이자에 의존해 투자하던 구조는 깨졌고 지금은 무작정 상가를 사기만 하면 수익이 나는 시대가 아니다.

그러나 여전히 많은 이들이 서울 강남 한복판의 건물주가 되어 아무것도 하지 않아도 월 5,000만 원에서 1억 원에 이르는 임대수익으로 여유 있는 삶을 사는 것을 꿈꾼다. 누구나 한 번쯤 꿈꾸는 이상적인 그림이다.

그렇다면 금수저나 다이아수저가 아닌 평범한 서민은 이 꿈을 실현할 수 있을까? 나는 단언컨대 가능하다고 본다. 강남 빌딩이 아니더라도 경제적 자유를 누릴 수 있는 건물주가 되는 길은 존재한다. 물론 로또 당첨이나 막대한 상속 같은 특별한 경우를 제외하면 일반 투자자가 단숨에 건물주로 도약하기란 불가능에 가깝다. 저금리 시대 이후 건물 값은 가파르게 상승했고 투자자들의 쏠림 현상도 심해졌기 때문이다.

따라서 현실적인 방법은 '한 번에 건물주 되기'가 아니라 단계적으로 자산을 불려 가는 것이다. 가치투자를 통해 일정 수익률을 달성한 뒤 매도하고 그 자금을 기반으로 더 큰 물건으로 갈아타는 방식이다. 작은 눈덩이가 굴러가면서 점점 커지는 것처럼 투자도 사이클을 반복하며 속도를 붙여야 한다. 이것이 바로 '스노우볼 이펙트'이다.

투자 사이클은 처음엔 작게 시작한다. 구분상가에서 출발해 수익을 만들고 이를 바탕으로 꼬마빌딩으로 도약해보자. 점점 규모를 키워가다 보면 어느새 어엿한 건물주로 성장할 수 있을 것이다. 중요한 것은 단계적 성장이다. 무리하지 않되 멈추지 않는 투자가 건물주로 가는 가장 현실적인 길이라는 점을 잊지 말자.

앞으로 본격적으로 다룰 '꼬마빌딩 투자'는 바로 이 중간 단계에 해당한다. 최근 수년간 많은 투자자들이 이 영역에서 뚜렷한 수익을 만들어내고 있다.

그중에서도 내가 특히 강조하는 전략이 있다. 바로 '골목형 꼬마빌딩 투자'이다. 골목형 꼬마빌딩은 투자금 대비 수익률이 가장 높은 상가 중 하나이다. 소규모 자본으로도 시작할 수 있고 적절한 입지를 고르면 안정적인 임대수익과 자산가치 상승을 동시에 기대할 수 있다. 내가 자신 있게 권하는 이유도 여기에 있다.

이 장에서 다룰 꼬마빌딩 가치투자의 원리와 전략을 여러 번 반복해 읽고 반드시 자신의 투자 방식으로 체화하기 바란다.

꼬마빌딩의
3가지 유형

꼬마빌딩이란?

최근 몇 년간 부동산 시장에서 꼬마빌딩, 소위 '꼬빌'은 가장 뜨거운 투자처로 자리 잡았다. 주거용 부동산에서 한계를 느끼던 투자자들이 수익형 부동산으로 눈을 돌리면서 꼬마빌딩이 자연스럽게 대세 상품으로 떠오른 것이다.

아파트 투자에 비해 꼬마빌딩이 더 어렵다고 생각하는 사람들이 많지만 실제로는 그렇지 않다. 아파트는 지역별 편차가 크고 미국 경제나 금리 동향까지 분석해야 할 정도로 복잡한 시장 구조를 갖는다. 반면 꼬마빌딩 투자는 지역만 잘 고르면 실패할 확률이 낮아 조금만 공부해도 안정적으로 성과를 낼 수 있다.

그런데 꼬마빌딩이란 무엇일까? 사실 꼬마빌딩은 오래전부터 우

명동역 주변의 오래된 꼬마빌딩

리 주변에 흔히 있던 건물이다. 과거에는 소득 수준이 낮고 상가 업종도 다양하지 않아 굳이 고층 건물을 지을 필요가 없었다. 그래서 번화가나 시장, 역세권, 터미널 주변에는 주로 2~5층 규모의 저층 건물이 들어섰다. 지금 명동에 가보면 여전히 이런 건물들이 밀집해 있는 모습을 확인할 수 있다.

📍 꼬마빌딩의 3가지 유형

① 원도심 꼬마빌딩

가장 흔한 형태는 구도심에서 볼 수 있는 기존 꼬마빌딩, 즉 '원도심 꼬마빌딩'이다. 도심 대로변뿐 아니라 집 근처 시장이나 버스정류장 근처에서도 쉽게 찾아볼 수 있다. 원도심 꼬마빌딩은 상권이 발달한 지역에서는 다양한 업종으로 채워져 안정적인 임대가 가능하다. 반면 상권이 약한 지역에서는 건물주가 직접 상층부에 거주하고 1~2층만 상가로 임대하는 경우도 많다.

투자 방식으로는 노후 건물을 매입해 철거 후 신축하거나 리모델링으로 업종을 재배치하는 전략 등이 있다. 이미 프랜차이즈 업종으로 안정된 임대 구성을 갖춘 원도심 꼬마빌딩을 매수하기도 한다. 다만 구분상가에 비해 수익률은 낮은 편이다. 그럼에도 원도심 꼬마빌딩에 투자하는 이유는 토지 가치 상승이나 개발 호재에 대한 기대감 때문이다.

강남이나 성수 같은 인기 지역의 꼬마빌딩은 수익률이 낮거나 마이너스인 경우도 많다. 이런 건물은 처음부터 매도 계획까지 세워야 하며 반드시 호재 여부나 유동성이 검증된 입지인지를 따져야 한다.

② 상가주택형 꼬마빌딩

상가주택은 꼬마빌딩 투자에서 빼놓을 수 없는 유형이다. 매입할 때 가장 먼저 확인해야 할 요소는 '일조권 사선제한'이다. 정북 방향 일조권 사선제한은 일정 높이 이상의 건물이 이웃의 햇빛을 가리지 않도록 정한 규정으로 건축 가능 높이에 직접적인 제약을 준다.

예를 들어, 사선제한을 받은 건물은 보통 3층까지의 최고 높이가 10m 이내로 제한된다. 이 경우 층당 층고가 3.3m 수준에 불과해 1층이 답답한 경우가 많다. 반면 사선제한을 받지 않은 건물은 1층 층고

왼쪽 건물은 일조권 사선제한을 받은 건물이고
오른쪽 건물은 일조권 사선제한을 받지 않은 건물이다.

를 4m 이상 확보할 수 있어 카페, 음식점, 호프집 등 임차 수요가 높은 업종에 훨씬 유리하다. 특히 요즘 신도시 카페들은 높은 층고와 개방감 덕분에 고객 선호도가 높다. 이는 권리금 형성과 임대료 수준에도 직접적인 영향을 준다.

2023년 8월에 건축법 개정으로 최고 높이가 9m에서 10m로 완화되었지만 기존 건물은 대부분 9m 기준으로 지어졌다. 따라서 중개사무소에 상가주택을 의뢰할 때 1층 층고가 4m 이상인 상가주택을 소개해달라고 요청하면 일조권 사선제한을 받은 건물을 어느 정도 피할 수 있다.

③ 골목형 꼬마빌딩

마지막으로 '골목형 꼬마빌딩'은 일반적으로 잘 알려진 사각형 구

단독주택을 리모델링하여 재탄생한 연남동 카페

조의 정형화된 꼬마빌라와 달리 단독주택이나 다가구 건물을 상가로 전환해 사용하는 형태로, 외형부터 독특하고 유니크한 매력을 갖는다. 규모도 작고 진입장벽이 낮아 소액 투자자들이 접근하기에 유리하다. 최근 새로운 상권이 형성되는 지역에서 이런 건물을 리모델링해 가치를 끌어올리는 전략이 투자 방식으로 떠오르고 있다.

꼬마빌딩,
토지의 가치에 주목하라

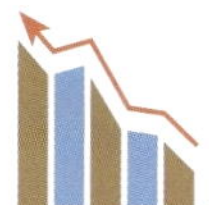

📍 꼬마빌딩의 가격은 '건물'이 아니라 '땅'이 결정한다

구분상가는 임대 수익률이 매매가를 좌우한다. 반면 꼬마빌딩은 1채를 통으로 사고팔기 때문에 보통 토지 기준 평당가로 가격을 정한다. 건물은 연식·외장재·내부 컨디션이 제각각이라 건물 기준 평당가만으로 가격을 정하기가 어렵기 때문이다. 현장에 가보면 공인중개사가 "토지 평당 ○억이니, 토지 ○평×평당가 = 총매매가" 식으로 설명하는 이유가 여기에 있다. 예를 들어 연면적 75평, 토지 30평인 5층 건물 가격이 '토지 30평×평당 1억 = 총 30억'으로 제시되는 방식이다.

오래된 건물은 감가상각이 심하고 감정평가에서 낮은 평가를 받기 때문에 대출이 잘 나오지 않는 경우도 많다. 벽돌 건물인지, 철근 콘크리트인지에 따라서도 감정평가액이 달라진다. 그래서 꼬마빌딩을 살 때는 건물보다 토지의 용도와 입지 조건을 중심으로 판단해야 한다. 매수 후 건물을 리모델링하거나 신축하더라도 결국 기준은 '땅의 힘'이다.

그렇다면 토지의 가치는 어떻게 판단할 수 있을까? 가장 중요한 기준은 그 땅 위에 어떤 건물을 얼마나 크게 지을 수 있느냐이다. 이것을 부동산에서는 '토지의 용도'라고 부른다. 도시지역의 토지는 크게 주거지역, 상업지역, 공업지역, 녹지지역으로 구분된다. 이 중 꼬마빌딩이 많은 지역은 대부분 주거지역이나 상업지역이다. 특히 상업지역은 높고 큰 건물을 지을 수 있어 땅값이 높게 책정된다. 하지만 상권이 약하거나 노후된 지역에서는 땅의 잠재력이 활용되지 않은 채 저층 모텔이나 여관처럼 활용되고 있는 경우도 많다. 이런 경우 리모델링이나 신축을 통해 토지의 가치를 극대화할 수도 있다.

📍 제1종부터 준주거까지, 용도의 차이가 만든 가격의 차이

토지 용도는 더 세분화되어 건축 가능 범위를 더욱 명확히 한다. 예를 들어 주거지역은 제1종, 제2종, 제3종, 준주거지역으로 나뉜다.

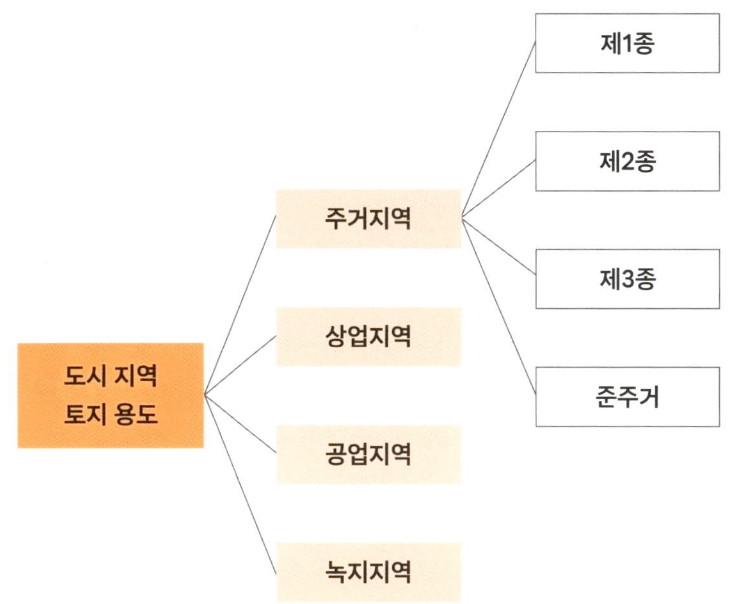

> **주거지역 토지 용도**
>
> - 제1·2종 : 단독주택 위주의 저층 건물 가능
> - 제3종 : 아파트 등 중고층 건물 가능
> - 준주거지역 : 상가와 주거가 함께 가능한 지역으로 오피스텔, 원룸, 근린 상가 등 가능

똑같은 입지라도 제3종이나 준주거지역의 땅은 훨씬 더 높은 평가를 받는다. 내가 투자하려는 꼬마빌딩이 어떤 지역에 속해 있는지, 어떤 건물을 지을 수 있는 땅인지를 반드시 확인해야 하는 이유이다.

📍 용적률과 건폐율 – 땅의 키와 허리둘레를 살펴라

토지를 더 구체적으로 평가하려면 '용적률'과 '건폐율'도 반드시 살펴야 한다. 쉽게 말해, 용적률은 키, 건폐율은 허리둘레이다. 건물을 얼마나 높게, 얼마나 넓게 지을 수 있는지를 수치로 보여주는 지표이다. 요즘은 디스코(DISCO)나 부동산 플래닛 같은 앱을 활용하면 해당 토지의 용도지역, 건폐율, 용적률까지 쉽게 확인할 수 있어 매우 유용하다. 주소만 입력하면 한눈에 정보가 나오기 때문에 초보자도 현장 방문 전에 미리 조사를 해보는 것이 좋다.

어떤 땅이든 그 땅에 지을 수 있는 건물의 크기와 형태는 이미 정해져 있다. 땅을 고를 때는, 바로 그 '가능성의 한계선'을 먼저 보는 눈이 필요하다.

'디스코'와 같은 앱에서 용도지역 및 건폐율, 용적률 등을 확인할 수 있다.

📍 같은 용도지역이라도 입지에 따라 땅값은 다르다

같은 상업지역, 같은 주거지역이라도 땅값은 천차만별이다. 그 기준은 바로 입지와 개발 가능성이다. 예를 들어, 건축을 하려면 최소 4m 이상의 도로와 접해야 한다. 차량이 다닐 수 있어야 건축도 가능하고 일상생활에서도 불편이 없으며 사고 발생 시 소방차나 구급차의 접근도 가능하기 때문이다. 한편 사거리에 접한 토지는 개방감이 뛰어나고 유동인구도 많아 입지 프리미엄을 갖게 된다.

도로에 접했다는 사실만으로 끝나지 않는다. 실전에서는 그 접면 방향(남향, 북향 등)이나 접면의 길이(전면폭), 코너 건물 여부까지도 세세히 고려해야 한다. 남향 건물은 햇빛이 잘 들고 전면폭이 넓을수록 임차 업종 다양화가 용이하며 코너 건물은 유동인구를 양방향으로 받을 수 있어 가시성이 좋고 홍보 효과가 크다.

이처럼 땅의 입체적인 가치는 단순히 용도나 면적만으로는 알 수 없고 실제 현장 경험과 분석을 통해 체득해야 할 내공의 영역이다.

📍 수익률을 높여주는 신축과 리모델링

땅의 입지를 판단했다면 이제는 기존 건물을 어떻게 활용할 것인지를 고민해야 한다. 건물이 너무 낡았거나 구조가 안 맞는다면 철거 후 신축을 고려할 수 있다. 하지만 요즘처럼 금리가 높은 시기에는 대출 이자가 부담이고 공사비도 만만치 않다. 특히 공사 중에는 임대

수익도 없기 때문에 자금 계획을 꼼꼼하게 세워야 한다. 특히 철거 비용, 설계비, 착공 시기, 준공 후 공실 기간까지 감안해도 수익이 나는지를 꼭 확인하자.

구조가 괜찮고 외관만 낡았다면 리모델링도 좋은 방법이다. 특히 임차 수요가 분명한 지역이라면 적은 비용으로도 건물 가치를 높일 수 있다.

반면 리모델링밖에 할 수 없는 토지는 신축이 가능한 토지보다 매매가가 저렴한 편이다. 그러나 이런 조건을 정확히 알지 못한 채, 리모델링만 가능한 토지를 신축이 가능한 토지 가격과 비슷하게 매입하는 경우도 있다. 꼬마빌딩 시장은 주거용 부동산과 달리 명확한 기준이나 룰이 통용되지 않는 경우가 많기 때문에 비슷한 조건의 물건이라도 공인중개사마다 평가 기준이나 가격 책정이 다를 수 있다. 따라서 매수를 고려할 때는 공인중개사의 말만 전적으로 믿지 말고, 전문가의 의견을 참고하여 다양한 각도에서 조사한 후 신중하게 접근해야 한다.

원도심 꼬마빌딩 리모델링

📍 오래된 꼬마빌딩, 리모델링으로 다시 태어나다

요즘 꼬마빌딩 투자자들 사이에서 가성비 높은 방법으로 주목받는 전략이 바로 '리모델링'이다. 낡고 허름한 건물을 깔끔하게 정비하고, 여기에 엘리베이터나 냉난방기, 화장실 같은 편의시설을 추가해 프랜차이즈 업종이 들어올 수 있는 형태로 세팅하면 월세를 올릴 수 있고, 결과적으로 수익률은 물론 매매가격도 함께 올라간다. 투자금 대비 효과가 크기 때문에 실전 투자자들에게는 단순히 리모델링을 넘어서 '가치 재창조' 전략으로 통한다.

리모델링 대상이 되는 대표적인 유형은 원도심의 오래된 꼬마빌딩이다. 이런 건물은 대부분 20~30년 이상 된 경우가 많아 현재 기준으로는 낡고 투박해 보이거나 시설이 부족한 곳이 적지 않다. 특히 과거에는 자가용이 보편화되지 않았기 때문에 건물 설계 단계부터 주차 공간에 대한 고려가 거의 없었다. 예전에는 상가 면적 $200\,m^2$당 1대 주차가 기준이었지만 현재는 $134\,m^2$당 1대로 기준이 강화됐다. 예를 들어 내가 매수하려는 건물이 60평(약 $198\,m^2$) 규모라면 과거에는 1대의 주차 공간만 있어도 문제가 없었지만 현재 기준으로는 최소 2대의 주차 공간이 확보되어야 한다. 이 조건을 충족하지 못하면 실제 건물 용도나 임차 업종에 제한이 생길 수 있다.

또한 오래된 건물일수록 소방시설이나 편의시설이 현저히 부족한 경우가 많다. 규모가 작으면 스프링클러조차 설치돼 있지 않은 경우가 다반사이다. 하지만 지금은 기준이 달라졌다. 예를 들어, 지하 공간의 면적 합계가 $150\,m^2$를 넘으면 스프링클러 설치가 의무이다. 이 기준은 건물 용도나 층수, 지자체 조례에 따라 조금씩 다르기 때문에 매입 전에 반드시 확인해야 한다.

최근에는 건축비가 크게 올라 신축보다 리모델링을 택하는 경우가 많다. 외장과 인테리어를 정비하는 것만으로도 충분히 경쟁력 있는 건물을 만들 수 있기 때문이다. 하지만 그렇다고 해서 무턱대고 리모델링에 나섰다가는 낭패를 볼 수도 있다. 단순히 오래된 건물을 매수해서 외벽에 예쁜 색 페인트를 바른다고 해결되는 문제가 아니다. 건물의 기본 구조와 설비 상태에 따라 리모델링 범위가 전면 공사 수준으로 확장되기도 한다.

📍 꼬마빌딩 리모델링 실전 사례

10여 년 전에 입지는 좋지만 관리 상태가 최악인 30년 넘은 3층짜리 꼬마빌딩을 아주 저렴한 금액에 매수한 적이 있었다. 외관은 한눈에 보기에도 낡았고 입구에는 전선이 엉켜 있어 감전 사고가 걱정될 정도였다. 건물 전체가 금방이라도 무너질 것 같은 분위기였다. 지하는 무릎까지 물이 차 있었고, 3층도 누수 문제로 공실이었다. 화장실 중 한 곳은 사용할 수 없어 폐쇄된 상태였다.

하지만 1층과 2층은 임대 중이었었고 월 700만 원 정도의 임대료가 들어오는 건물이었다. 토지의 모양이 특이해 신축은 거의 불가능했으며 1층 공간 중 약 7평은 불법 증축된 상황이었다. 결국, 이 건물은 리모델링 외에는 방법이 없다고 판단했다.

건물을 매수하자마자 리모델링에 착수했다. 당시에는 '별거 아니겠지.'라는 마음으로 시작했지만, 인생 첫 리모델링이었던 만큼 크고 작은 시행착오를 거치며 해결할 수 없는 문제들도 있다는 사실을 깨

경매로 낙찰받은 노후된 꼬마빌딩의 모습

달았다. 특히 오래된 건물일수록 구조적인 리스크가 숨겨져 있다는 점을 이때 절실히 배웠다.

가장 먼저 마주한 문제는 1층의 불법 증축이었다. 오래된 상가건물일수록 영업공간을 확보하기 위해 앞뒤로 확장된 구조가 많다. 샌드위치 패널 등으로 임시 구조물을 덧댄 경우도 흔하다. 이 건물 역시 7평가량이 불법 증축된 상태였다. 당시에는 90년대 항공사진에 이미 증축 상태가 촬영돼 있었기 때문에 항공사진을 통한 원상복구 명령이나 이행강제금 부과는 피할 수 있었다. 하지만 추후 임차인이 사업자등록을 위해 현장 실사를 받거나, 경쟁자가 고의로 구청에 신고할 경우 문제가 발생할 수 있다는 사실을 뒤늦게 알게 되었다. 이후부터는 원상복구가 불가능한 불법 증축 구조물이 있는 건물은 아무리 저렴해도 매수하지 않았다.

두 번째 문제는 '누수'였다. 오래된 건물은 구조물에 미세한 균열이 있으면 비가 오는 날 바로 문제가 생긴다. 아파트조차 10년만 지나도 실리콘 틈새로 물이 스며들기 시작한다. 나는 여러 전문가를 불

지하 가장자리를 파서 물길을 만들고 배관을 교체해도 누수는 쉽게 잡히지 않았다.

러 진단을 받고, 지하 바닥을 파내 집수정을 설치하고 펌프까지 돌렸지만 누수를 완전히 잡지 못했다. 건물과 건물 사이 틈이 벌어져 시멘트를 다시 발라야 한다는 진단까지 나왔다. 장마철마다 누수 공사를 반복했고, 비만 오면 스트레스가 극에 달했다. 결국 이 문제가 추후 건물을 처분하게 된 가장 큰 원인이 되었다.

마지막으로 맞닥뜨린 문제는 주차장 확보였다. 상업용 건물은 전체 연면적과 입점 업종에 따라 주차대수가 정해진다. 예전에는 문제가 없었던 건물도, 새로운 업종이 들어오려 하면 주차 기준 미달로 용도변경이나 인허가 자체가 막히는 경우가 있다. 이로 인해 우량 임차인을 놓치는 일이 발생할 수 있다. 다행히 내가 매수한 건물은 주차 공간이 어느 정도 확보돼 있었기에 큰 문제는 없었지만, 이후부터는 매입 전 반드시 업종별 주차 기준을 확인하는 습관이 생겼다.

수많은 시행착오 끝에 이 건물은 완전히 새롭게 재탄생했다. 지하에는 공실이던 공간에 PC방이 입점했고, 누수로 비어 있던 3층에는 필라테스 스튜디오가 들어섰다. 1층에는 롯데리아, 안경점 등 프랜차이즈 업종이 입점하며 상권 분위기까지 바뀌었다. 리모델링 이후 임대료는 월 1,200만 원까지 상승했고 투자금 대비 수익률도 크게 개선됐다.

이때 가장 중요했던 것은 건물의 한계를 정확히 파악하고 그에 맞는 업종을 구성하는 전략이었다. 오래된 배관 때문에 물 사용량이 많은 일반 음식점은 입점시키지 않고 비교적 물 사용이 적은 소매업 위주로 공간을 구성했다. 이 판단이 결과적으로 공실률을 낮추고 관리비를 줄이는 데 도움이 됐다.

이처럼 리모델링은 토지의 조건, 건물 구조, 법적 기준, 업종 구성까지 함께 고려하는 종합적인 작업이다. 고생이 따르지만 그만큼 큰 수익과 성취감을 안겨주는 상가투자 전략이다. 지금은 과거보다 리모델링 관련 정보와 실전 사례가 훨씬 많이 공유되고 있으므로 공부한 만큼 리스크를 줄일 수 있다.

서울시 업종별 필요한 주차대수(2020년 7월 20일 기준)

시설물	설치 기준
1. 위락시설	시설 면적 67m²당 1대
2. 문화 및 집회시설(관람장을 제외한다.), 종교시설, 판매시설, 운수시설, 의료시설(정신병원·요양소 및 격리병원을 제외한다.), 운동시설(골프장·골프연습장 및 옥외수영장을 제외한다.), 업무시설(외국공관 및 오피스텔을 제외한다.), 방송통신시설 중 방송국·장례식장	시설 면적 100m²당 1대
2-1. 업무시설(외국공관 및 오피스텔을 제외한다.)	일반업무시설 : 시설면적 100m²당 1대 공공업무시설 : 시설면적 200m²당 1대
3. 제1종 근린생활시설(건축법시행령 별표1 제3호 바목 및 사목을 제외한다.), 제2종 근린생활시설, 숙박시설	시설 면적 134m²당 1대
4. 단독주택(다가구주택을 제외한다.)	• 시설 면적 50m² 초과 150m²이하 : 1대 • 시설 면적 150m² 초과 : 1대에 150m²를 초과하는100m²당 1대를 더한 대수 • 계산식 : 1+{(시설면적-150m²)/100m²}

5. 다가구주택, 공동주택(외국공관 안의 주택 등의 시설물 및 기숙사를 제외한다.) 및 업무시설 중 오피스텔	'주택건설기준 등에 관한 규정' 제27조 제1항에 따라 산정된 주차대수(다가구주택, 오피스텔의 전용면적은 공동주택 전용면적 산정방법을 따른다.)로 하되, 주차대수가 세대당 1대에 미달되는 경우에는 세대당(오피스텔에서 호실별로 구분되는 경우에는 호실당) 1대(전용면적이 30m² 이하인 경우에는 0.5대, 60m² 이하인 경우 0.8대) 이상으로 한다. 다만, '주택법시행령' 제3조 규정에 의한 도시형생활주택 원룸형은 '주택건설기준 등에 관한 규정' 제27조의 규정에서 정하는 바에 따른다.
6. 골프장, 골프연습장, 옥외수영장, 관람장	• 골프장 : 1홀당 10대 • 골프연습장 : 1타석당 1대 • 옥외수영장 : 정원 15인당 1대 • 관람장 : 정원 100인당 1대
7. 수련시설, 공장(아파트형 제외), 발전시설	시설 면적 233m²당 1대
8. 창고시설	시설 면적 267m²당 1대
9. 방송통신시설중 데이터센터	시설 면적 400m²당 1대
10. 그 밖의 건축물	• 대학생기숙사 : 시설면적 400 m²당 1대 • 대학생기숙사를 제외한 그 밖의 건축물 : 시설면적 200m²당 1대

원도심 꼬마빌딩의
유망 투자처

📍 원도심 꼬마빌딩, 어디에 투자해야 할까?

앞서 낡은 건물을 리모델링하거나 업종을 업그레이드하는 투자 전략에 대해 살펴보았다. 하지만 이 전략이 유효하기 위해서는 전제가 하나 있다. 업종이 바뀔 수 있을 만큼 그 지역이 변화하고 있어야 한다는 것이다. 아무리 멋지게 건물을 신축하거나 리모델링했다 해도 기존 업종에서 벗어나지 못하거나 임대료를 더 받을 수 없는 지역이라면 자금을 투입할 이유가 없다.

따라서 원도심 꼬마빌딩 투자에서 고수익을 얻고자 한다면 가장 먼저 '업종 전환 가능성'이 높은 지역부터 찾아야 한다. 이때 프랜차이즈 업종으로의 전환처럼 비교적 일반적인 업그레이드가 가능한 투자처를 찾는 것보다 더 중요한 건 '도시의 전환점'에 올라탄 지역을 선점하는 것이다. 도시 구조가 바뀌고 유입되는 인구와 업종 자체가 전면 재편되는 변화의 한가운데 있는 지역이야말로 진짜 유망 투자처이다. 그렇다면 어디가 그런 곳일까? 도시의 DNA가 바뀌는 진짜 전환의 현장들을 살펴보자.

📍 쓰레기 매립지에서 서울 최고의 미디어밸리로 –상암의 변신

서울 상암동은 한때 쓰레기 매립지였다. 서울의 끝자락인 고양시와의 경계에 위치한 이곳은 수십 년간 쓰레기가 쌓여 포화 상태였고, 이후 매립장이 다른 지역으로 이전되며 큰 변화가 시작됐다. 안

상암지구로 편입되지 않고 존치된 지역

출처 : 카카오맵

상암 구도심의 낡은 상가주택(좌)이 상가건물(우)로 바뀐 모습이다.
건너 미디어밸리 고층 건물이 인상적이다.

정화 작업을 거쳐 생태공원으로 조성되었고, 2002년 월드컵을 계기로 상암에 메인 경기장이 들어서면서 상암지구의 진짜 이야기가 시작된다.

또한 서울시는 이 일대를 첨단산업 중심지로 바꾸기 위해 미디어밸리 조성에 나섰고, MIT와의 협업을 통해 글로벌 스마트 도시를 만들겠다는 청사진 아래 도시계획이 추진됐다. 그 결과, MBC, SBS, TVN, JTBC 등 국내 주요 미디어 기업들이 잇달아 입주했고 대규모 주거단지까지 함께 들어서며 도시의 얼굴이 완전히 바뀌었다.

하지만 변화는 그 안에서만 일어난 것이 아니다. 개발 지역에 포함되지 않았던 일부 원주민 거주지는 존치구역으로 지정되었는데 미디어밸리가 조성되고 직장인이 증가하면서 이 낡은 동네에 변화의 불씨가 지펴지기 시작했다.

상암 미디어밸리의 고층 빌딩 안에는 기본적인 카페나 간이 식당이 마련되어 있었다. 하지만 직장인 인구가 폭발적으로 증가하자 그 안에서 모든 수요를 소화하기에는 역부족이었다. 특히 회식이나 외식 같은 저녁 수요는 빌딩 안에서 해결하기 어려워 결국 인근 홍대 상권으로 이동할 수밖에 없었다. 하지만 도보로 접근하기도 쉽지 않고 퇴근 시간에는 도로 정체가 심해 불편함이 컸다.

자연스럽게 '이 근처에 괜찮은 상권이 하나 더 있었으면 좋겠다.'라는 니즈가 생겼고, 변화는 그렇게 시작되었다. 상암역에서 디지털미디어시티역 사이, 단독주택과 다가구주택이 밀집된 낡은 지역에 하나둘씩 상가가 들어섰고 용도변경과 리모델링을 거쳐 호프집, 음식점, 노래방 같은 업종들이 입점하면서 동네의 분위기가 달라졌다. 처음에는 조용했던 골목이 점점 사람들이 모이는 상권으로 성장해 갔다.

이처럼 사람이 있는 곳에 상권이 생긴다. 수요가 생기면 자연스럽게 공급이 따라오고, 상가가 모이면 그것이 곧 상권이 된다.

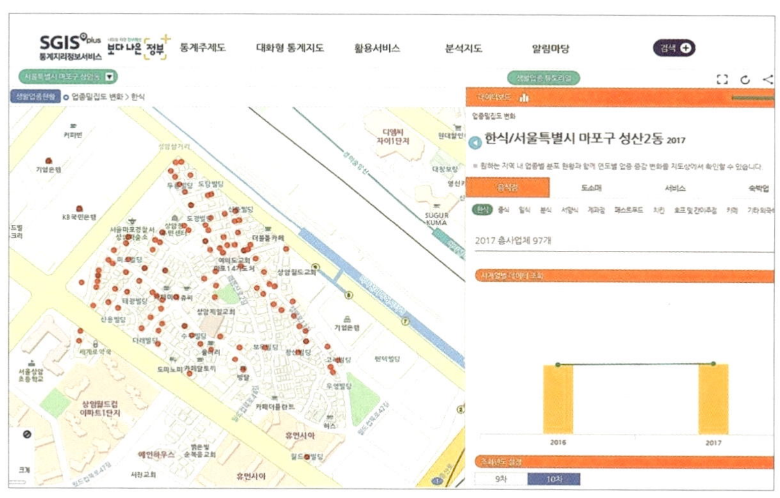

상암 지역 업종 분석 자료(통계지리정보시스템)

상권의 흐름은 숫자로도 확인할 수 있다. 통계청에서 운영하는 '통계지리정보시스템'은 지역별 업종 분포를 시각화한 유용한 도구이다. 상암 주택가 주변의 한식 음식점 밀도를 살펴보면 특정 블록을 중심으로 음식점들이 넓게 분포되어 있는 것을 확인할 수 있다. 불과 몇 년 전까지만 해도 평범한 주거지역이었던 이곳이 어느새 새로운 상업지역으로 바뀌고 있는 것이다.

투자의 성과는 가격이 증명한다. 상암의 건물 시세를 보면 2017년에 평당 3,870만 원이던 물건이 2021년에는 6,740만 원에 매도되었고 최근에는 평당 8,000만 원에서 1억 원 사이에 거래되고 있다. 불과 5~6년 사이에 두 배 이상 오른 셈이다. 연예인 송은이가 이 지역의 낡은 건물을 매수하고 신축하여 큰 시세 차익을 거두었다는 뉴스가 화제가 된 적도 있다.

📍 꿈틀대는 홍대 벽화 거리

홍대 상권의 시작은 핫플레이스로 주목받는 지금의 화려한 모습과는 거리가 멀었다. 1960년대 대학 개편으로 홍익대학교가 와우산 자락에 자리 잡았는데 그중 미대가 상권에 큰 영향을 미쳤다. 작업실이 필요했던 미대생들은 주차장이나 창고를 개조해 작업 공간으로 활용했고 자연스럽게 골목 곳곳에 소규모 창작 공간이 생겨나기 시작했다. 이후 미술 입시학원이 생기고 학생 수가 늘어나면서 주택은 상가로 전환되었고 신축도 활발히 일어났다. 이처럼 홍대 상권의 시작은 '상업'이 아닌 '생활'이었다.

미대의 영향으로 홍대에는 공방, 감각적인 숍, 갤러리 등이 하나둘 들어서기 시작했고, 유흥문화와 클럽문화까지 발달하면서 다른 대학가와는 전혀 다른 분위기의 상권이 형성되었다. 한때 타락한 상권이라는 비판도 있었지만, 인디밴드와 소극장 공연 문화가 자리를 잡으며 홍대는 차별화된 문화 상권으로 성장했다. 이제 외국인 아티스트들도 공연하는 국제적인 거리로 발전한 홍대는 한국 청년문화의 상징이자 한류의 최전선으로 자리 잡았다.

그러나 홍대 상권이라고 해서 모든 곳이 똑같이 번화한 것은 아니다. 홍대 정문에서 좌측 길로 들어서면 화려하고 붐비는 거리와 달리 조용하고 한적한 벽화 거리가 나온다. 높은 옹벽이 골목을 가로막아 마치 철옹성 같은 분위기를 만들었고 지나다니는 사람도 드물어 상가조차 제대로 형성되지 않았다. 일부 가게가 있었지만 대부분 폐업 후 공실로 방치되며 침체된 모습이었다.

그러다 이 지역에도 변화를 예고하는 바람이 불기 시작했다. 마포구와 홍대가 손잡고 청년 예술인을 지원하기 위한 '아트앤디자인밸리(Art & Design Valley)' 프로젝트를 추진하기로 한 것이다. 옹벽을 철거하고 그 자리에 청년 교육장, 창업 보육센터, 전문 디자이너 양성 공간을 마련한다는 계획이었다.

프로젝트가 실제로 진행될지는 불확실했기에 나는 이 지역을 꾸준히 관찰했다. 그러던 중 분명한 변화 하나가 눈에 들어왔다. 바로 옹벽 앞에 있던 전신주가 다가구주택 쪽으로 옮겨져 있었던 것이다. 전신주 이전에는 수천만 원의 비용이 들고 행정 절차와 민원 해결 과

홍대 벽화 거리 이전 모습(좌)과 변화한 모습(우)

정도 만만치 않다. 따라서 이 변화는 프로젝트가 실제로 실행되고 있다는 신호로 느껴졌다.

실제로 주변을 조사해보면 홍대 제2기숙사가 들어서면서 이 일대에 많은 변화가 일어났다는 것을 알 수 있다. 지난 몇 년 동안 이 골목에는 활발하게 건물이 신축되고 있고 리모델링 공사도 곳곳에서 끊임없이 이어지고 있다.

그러나 도시개발 계획은 발표되는 순간부터 주목을 받지만 실제 공사가 시작되기까지는 시간이 오래 걸릴 수 있고 중간에 무산되기도 한다. 따라서 발표만 믿고 성급히 투자에 나서는 것은 위험하다. 안정적인 투자를 원한다면 '계획 확인 후 투자'라는 원칙을 반드시 지켜야 한다. 물론 초기 단계에서 선제적으로 투자해 성공한다면 더 큰 시세 차익을 얻을 수도 있다.

📍 음지에서 투자 기회를 찾다 – 집창촌 상권의 변화

'집창촌'이라는 단어는 어둡고 위험한 느낌을 준다. 그러나 전국의 집창촌을 직접 임장하며 전수조사한 이후로 나는 이 지역들을 전혀 다른 눈으로 보게 되었다. 이 지역들은 하나같이 교통 요지에 있었고 시내 중심이나 군부대 근처처럼 전략적 입지에 자리하고 있었다. 그동안은 낙후된 업종과 부정적인 이미지 탓에 저평가되어 있었을 뿐이다. 결국 도시의 개발 흐름은 이곳들까지 확장되었고, 실제로 철거와 재개발이 이뤄지며 상전벽해가 일어났다.

① 청량리588 – 철거된 집창촌, 새로운 도시가 된다

대표적인 사례가 청량리588이다. 청량리역 바로 앞에 위치해 한때 서울의 대표적 집창촌으로 불렸던 이곳은 지금은 고층 주상복합 아파트 단지로 완전히 탈바꿈했다. 불과 몇 년 전까지만 해도 사람들이 지나가기 꺼려하던 청량리588은 이제 교통과 주거, 상업 기능이 결합된 복합 중심지로 재탄생했다.

'미아리 텍사스'로 불렸던 지역도 재개발 관리처분인가를 받고 분양을 준비 중이며 대구 자갈마당 역시 고급 아파트 단지로 변모했다. 미아리 텍사스, 대구 자갈마당 같은 지역들도 재개발을 통해 아파트 단지로 재편되고 있다. 집창촌이라는 낙인이 지워지자 새로운 중심으로 떠오르게 된 것이다.

이러한 변화를 살펴보면 집창촌이 가진 잠재력은 결국 '입지'에서 비롯된다. 교통 요지, 군부대, 도심 상권 인근 등 전략적 위치에 자리한 덕분에 개발만 이뤄진다면 경쟁력이 충분하다.

② 평택 삼리 - 낙인찍힌 땅에서 미래의 중심으로

서울뿐 아니라 지방 곳곳에서도 변화가 진행 중이다. 그중에서도 눈에 띄는 곳이 평택 구도심이다. 대부분의 사람들은 평택이라 하면 미군 부대, 평택항, 고덕신도시, 삼성전자를 먼저 떠올린다. 하지만 현재 가장 큰 변화를 보이고 있는 곳은 평택역 인근이다. 이곳에는 '삼리'라 불리는 전국 최대 규모의 집창촌이 자리 잡고 있었고, 오랜 시간 도시 이미지에 부정적인 영향을 주었다. 최근 평택시는 이 삼리 지역을 대상으로 신탁사 방식의 재개발을 추진하고 있다.

현재 집창촌인 평택 삼리의 재개발 조감도(출처 : 평택 1구역 재개발조합)

오랜 시간 집창촌으로 남아있던 평택 1구역은 사업 진행에 수많은 난관이 있었다. 평택시는 이 지역이 가진 특수성을 반영해 기존 조합 방식이 아닌 신탁사 지정 방식으로 재개발을 추진할 수 있도록 제도적 기반을 마련해주었다.

이 외에도 광장 조성과 차 없는 거리 조성 등 도심 재정비가 활발히 이뤄지고 있다. 이 변화를 현장에서 직접 확인한 나는 평택역 인근의 꼬마빌딩을 공동 투자 형식으로 매입했다. 매입 전 수차례 현장 조사를 거쳤고, 개발 흐름과 시세, 업종 수요까지 철저히 분석했다. 당시만 해도 투자자들의 관심이 많지 않았기에 주변 시세보다 저렴하게 매수할 수 있었고 대출 이자도 월세 수입으로 충분히 감당되는 구조였다. 지금도 이 지역은 꾸준히 변화 중이며 시간이 지날수록 상권이 더 확장될 것으로 보인다.

③ 수원역 사창가의 먹자 상권으로의 진화

수원역 집창촌의 먹자 상권으로의 변신도 주목할 만하다. 나는 2019년부터 수원역 앞 집창촌 철거를 예상하고 인근 투자 전략을 지속적으로 제안해왔다. 현재 이 지역은 철거가 완료되었고 먹자 상권으로 재편되며 활기를 되찾고 있다.

이처럼 집창촌은 역세권에 위치하여 개발 여력이 충분한 곳이 많다. 분양 부담이 낮고 사업성이 높기 때문에 재개발 추진 가능성도 크다. 하지만 주의할 점도 있다. 이런 개발은 대규모 자금이 투입되는 사업이기 때문에 부동산 경기 흐름에 따라 추진 속도가 달라질 수

수원역 사창가 지역이 정비되면서 새로운 먹자 상권이 형성되고 있다.

있다. 아무리 좋은 입지라도 경기 침체기에는 분양 성과가 저조해 사업이 지연되거나 무산되기도 한다.

그러나 입지가 좋고 도시 변화 흐름 속에 있다면 그곳은 시간이 지나 반드시 재조명된다. 대표적인 사례로는 청량리, 용산역 앞, 천호동 텍사스 거리, 부산 부전동, 광주 대인동 등을 꼽을 수 있다. 한때는 모두가 외면했지만 지금은 재개발의 중심지로 주목받고 있는 곳이다.

골목형 꼬마빌딩 투자

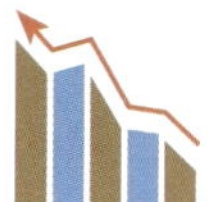

📍 시대의 상처에서 시작된 골목형 꼬마빌딩

골목형 꼬마빌딩은 원도심의 낡은 빌딩과는 태생부터 다르다. 그 시작은 어찌 보면 '시대의 상처'에서 비롯되었다. IMF 국가부도 사태는 평생직장의 꿈을 무너뜨렸다. 정직원 체제와 고용 안정이라는 기성세대의 질서는 구조조정이라는 이름 아래 무너졌고 대학을 갓 졸업한 청년들은 'IMF 세대'라는 꼬리표를 달고 일자리 자체를 구하지 못하는 시대에 던져졌다.

그러자 기성세대는 퇴직금을 들고 음식점이나 치킨집 창업에 나섰다. 높은 권리금을 감수하며 가게를 인수했지만 준비 없이 뛰어든 창업은 번번이 폐업으로 이어졌다. 반면 새로운 세대는 전혀 다른 방향을 택했다. 어릴 때부터 해외 문화를 접하고 해외 여행과 유학이 일상화된 세대는 창업도 새롭게 접근했다.

대학을 갓 졸업한 이들에게 창업 자금은 1~2천만 원이 전부였다. 이들은 권리금이 없고 월세가 저렴한, 사람들의 발길이 뜸한 동네 골목을 찾기 시작했다. 그렇게 골라낸 낡은 상가 한 켠의 거미줄이 드리운 공간에 그들은 색을 입히고 감각적인 소품으로 꾸미기 시작했다. 그 공간들은 입소문을 타고 손님을 불러들였고 하나둘 늘어난 작은 가게들이 결국 '골목상권'이라는 새로운 시장을 만들었다.

이 골목상권의 성장은 카페 문화의 확산과 맞물려 있다. 기성세대에게 커피는 다방이나 자판기 커피에 불과했지만, 어느 순간 '블루마운틴', '헤이즐넛' 같은 단어들이 회자되며 원두 커피가 일상에 들어왔다. 커피숍은 젊은 세대에게 데이트 장소이자 사교 공간이 되었고 원가 대비 높은 마진 구조는 자금이 부족한 청년 창업자들에게 매우 매력적으로 다가왔다. 그 결과 더 많은 청년들이 창업을 위해 골목으로 모여들었다.

카페를 중심으로 다양한 업종이 골목을 채우기 시작했고 허름했던 골목은 점차 하나의 상권으로 성장해갔다. 이후 파스타, 햄버거, 브런치가 골목의 대표 메뉴가 되었고 새로운 회식 문화까지 형성하였다.

골목상권이 전국으로 확산될 수 있었던 가장 강력한 힘은 SNS였다. 과거에는 전단지, 벽보, 스티커가 전부였던 홍보 수단이, SNS를 통해 완전히 달라졌다. 페이스북, 트위터, 인스타그램 같은 플랫폼을 활용한 사진 중심의 콘텐츠는 입소문을 타고 빠르게 퍼져나갔다.

자금이 부족한 창업자들에게 SNS는 최고의 마케팅 도구였다. 특

부평역 앞 평리단길(상단 왼쪽), 경주 황리단길(상단 오른쪽),
서울 경리단길(하단 왼쪽), 부산 전포카페거리(하단 오른쪽)

히 스마트폰에 익숙한 세대에게 SNS는 그 자체가 '장사의 무기'였고, 골목의 풍경과 이야기, 메뉴 하나하나가 SNS 콘텐츠가 되었다.

이 열풍은 전국으로 번졌다. '○○리단길'이라는 이름으로 불리는 골목상권만 해도 지금은 100개가 넘는다. 경리단길을 시작으로 망리단길, 송리단길, 효리단길, 대리단길 등 이름 붙이기조차 바쁠 정도로 골목상권은 무한 복제되고 있다.

이름 없는 골목들이 하나둘 상권으로 자리 잡으면서 골목형 꼬마빌딩은 투자자들에게 '황금알을 낳는 거위'로 인식되기 시작했다. 지금도 또 다른 지역에서 새로운 골목상권이 태동하고 있으며 흐름을 읽어내는 투자자에게는 여전히 유망한 기회가 되고 있다.

📍 골목형 꼬마빌딩의 투자 포인트

15억 원은 지금의 수도권 상가 시장에서 전용 15평짜리 구분상가 하나를 분양받을 수 있는 금액이다. 하지만 같은 금액으로 골목 안 30평짜리 꼬마빌딩을 매입할 수 있다면 어떨까? 나는 고민 없이 관리와 리모델링을 통해 미래 가치를 키울 수 있는 후자를 택하겠다. 그래서 초기 진입만 잘하면 적은 투자금으로도 '내 건물'을 가질 수 있는 가장 현실적인 방법이 바로 골목형 꼬마빌딩 투자이다.

물론 최근 유명 골목상권에서는 평당 5,000만 원짜리 매물을 찾기 쉽지 않다. 하지만 발품을 팔고 꾸준히 현장을 다니다 보면 골목 안쪽이나 확장 예정 구역에서 충분히 기회를 발견할 수 있다.

만약 서울에 투자하기에 투자금이 부족하다면 시선을 수도권이나 지방으로 넓혀야 한다. 2025년 기준으로 수원 행리단길은 4,000만 원대, 수도권 아래 지역은 2,000만 원대까지 내려간다. 부산 전포동은 평당 5,000만 원대, 대구 교통 요지 주변은 평당 4,000만 원대, 경주 황리단길은 평당 1,000만 원대부터 4,000만 원대까지 다양하다. 자동차 진입이 어려운 오래된 골목은 가격이 낮고 리모델링이 가능한 지역은 상대적으로 높게 형성되기 때문이다. 이렇게 입지 조건에 따라 가격 차이가 크게 벌어지는 만큼 전국적으로 기회를 살펴보는 전략이 필요하다.

결국 골목형 꼬마빌딩 투자의 핵심은 투자 지역과 투자 시점이다. 이 2가지는 곧 투자 금액과 직결된다. 서울은 이미 평당 7,000만 원 이상이 기본이고 이름난 지역은 1억 원에도 매물이 없다. 반면 언론

매체에 이름이 오르기 전이라면 아직 기회가 존재한다. 상권이 알려지면서 1차 상승, 투자자가 몰리면서 2차 상승, 대중적으로 자리매김하며 3차 상승이 나타난다. 평균적으로 서울 기준 1차 상승은 평당 2,000만~5,000만 원, 2차 상승은 5,000만~8,000만 원, 3차 상승은 8,000만~1억 원대까지 오른다. 평당 1억 원에 도달하면 거래 속도는 느려진다. 그 금액이면 강남 꼬마빌딩으로까지 선택지가 넓어지기 때문이다.

📍 초기에 들어갈 것인가, 2차 상승기에 들어갈 것인가

가장 큰 수익은 상권이 형성되는 초기에 진입할 때 나온다. 그러나 많은 투자자들이 골목상권에 선뜻 들어서지 못한다. 아파트 투자보다 안정성이 떨어지고 전문성이 필요하다는 인식 때문인데 안타깝게도 타이밍을 놓치면 시세는 이미 크게 오른 뒤인 경우가 다반사이다. 특히 서울은 가격 움직임이 빠르고 강하다.

나는 2017년부터 해방촌, 한남동 카페거리, 익선동, 연남동을 중심으로 현장 수업을 진행하며 변화 과정을 지켜봤다. 2017~2018년 당시만 해도 골목상권 투자는 활발하지 않았다. 그러나 아파트 투자로 차익을 본 투자자들이 새로운 투자처로 꼬마빌딩을 찾기 시작하면서 본격적인 가격 상승이 나타났다.

그래서 나는 2차 상승기 진입을 권한다. 이미 손님들의 발길이 잦아지고 있는 지역이라면 실패 리스크를 상당히 줄일 수 있다. 뜨지 못하고 사라지는 골목상권도 부지기수이기 때문이다.

만약 카페, 브런치, 전문 음식점 등 자신만의 콘텐츠를 가진 사업자라면 이야기는 달라진다. 이런 경우 오히려 비싼 지역보다 확장 가능성이 있는 지역이 더 유리할 수 있다. 장사가 잘되면 그 자체로 상권이 생기고, 건물의 가치도 함께 올라간다. 따라서 지역 선택의 제약이 줄어드는 것이다. 또한 유명한 임차인을 끌어오거나 동업 제안을 통해 시너지를 낼 수도 있다. 이처럼 투자와 운영을 병행한다면 꼬마빌딩의 가치를 훨씬 더 크게 확장시킬 수 있다.

📍 골목상권의 4가지 유형

1990년대에 싹을 틔운 골목상권은 2000년대 들어 생활권 곳곳으로 번지며 대표 상권으로 자리 잡았다. 기성 중심상권의 그늘에서 조용히 성장하다가 어느 순간 폭발적으로 확장했고, 지금은 도시의 취향과 여가를 정의하는 공간이 되었다. 여기서는 골목상권을 4가지 유형으로 분류하고 각 유형의 수요 요인과 리스크를 구체적으로 점검해보자.

① '전통이 트렌드가 되다.' 전통 골목상권

요즘 가장 뜨거운 상권 트렌드 중 하나는 바로 전통 골목, 그중에서도 한옥 상권이다. 과거에는 한옥이 특별한 것이 아니었다. 도시 곳곳에 흔히 있었고 골목길을 조금만 들어가면 낡은 기와지붕과 마주하는 일이 어렵지 않았다. 하지만 도시 재개발과 고층 아파트 중심의 주거정책이 이어지며 한옥은 점점 자취를 감추기 시작했다.

이제 한옥은 '찾아가야만 볼 수 있는 공간'이다. 익숙했던 과거의 일상이 낯설고 희귀한 것이 되자 나무 기둥과 흙 벽, 기와지붕으로 둘러싸인 고즈넉한 한옥 공간은 새로운 감성과 쉼을 제공하는 특별한 장소가 되었다. 이러한 한옥 트렌드의 중심에는 MZ세대가 있다. 그들은 SNS에서 감성적인 풍경을 찾고 일상에서 벗어난 경험을 원한다.

대표적인 한옥 상권은 단연 전주 한옥마을, 서울 익선동, 경주 황리단길이다. 이곳은 한옥 밀집도가 높아 전통의 매력을 한껏 느낄 수 있는 장소로 골목상권 중에서도 가장 감성적이고 강한 브랜드 파워를 지닌 곳들이다.

한옥 비중이 상대적으로 낮지만 수원 행리단길 역시 눈여겨볼 지역이다. 수원화성이라는 압도적인 역사문화 자산을 기반으로 한옥 리모델링 사례가 점점 늘고 있으며 골목 자체의 분위기도 고풍스럽다. 수원시가 조금만 더 의지를 갖고 정책적으로 뒷받침한다면 이 지역 역시 '포스트 익선동'으로 성장할 가능성이 높다.

한편, 지자체 주도의 전통 상권 조성도 새로운 흐름을 만들어 내고 있다. 예를 들어, 대구 동성로 일대에서는 기존에 없던 성곽길을 인공적으로 조성해 전통 골목의 정서를 연출하고 있다. 이는 한류 확산과 외국인 관광객의 증가에 발맞춘 전략적 선택으로 자생적으로 형성된 한옥 상권과는 출발이 다르다. 이렇게 과거의 흔적을 복원하거나 새롭게 재현함으로써 골목 자체를 관광 콘텐츠로 재생산하려는 시도가 곳곳에서 이어지고 있다.

② 감성과 기억을 파는 상권, 레트로 골목

골목상권 중에서도 가장 대중적이고 꾸준히 사랑받는 유형은 단연 레트로 감성의 골목상권이다. 여기서 말하는 '레트로'란 한국인의 삶과 추억이 담긴 근대 시기의 정서이다. 지역에 따라 시대적 배경은 조금씩 다르지만 기본적으로는 1930년대부터 1990년대까지 한국의 산업화와 도시화를 거친 흔적이 고스란히 남아 있는 골목들이 중심이 된다. 일제강점기의 적산가옥이 밀집한 인천항·군산항·목포항, 해방 이후 근대 건축물이 잘 보존된 문래동·서촌·경리단길, 그리고 90년대 빨간 벽돌의 다가구가 남아 있는 연남동·샤로수길 등이 대표적이다.

레트로 골목

시대적 배경	골목의 특성	지역
일제 강점기	적산 가옥이 많은 지역	인천항, 군산항, 목포항, 구룡포
해방이후~80년대 말까지	근대 건물이 많은 지역	경리단길, 서촌, 문래동, 을지로, 전포거리, 해방촌, 이태원일대, 신당동
90년대 이후	빨간 벽돌 다가구·단독 건물지역	연남동, 한남동, 샤로수길

을지로 레트로 상권

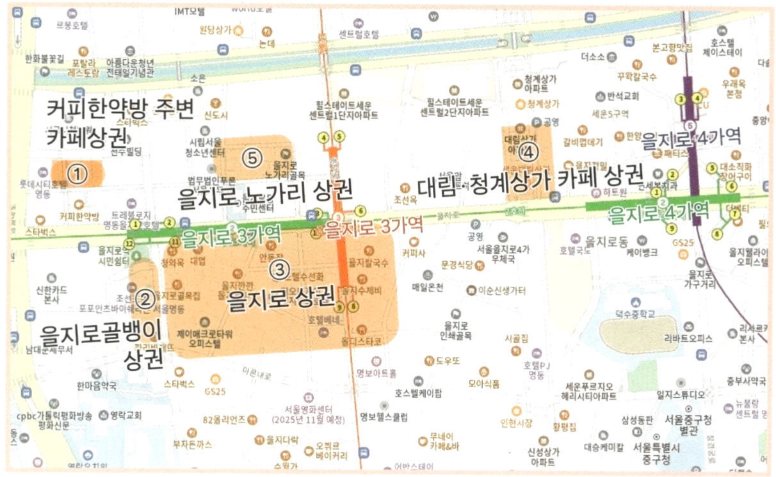

출처 : 카카오맵

서울에서 레트로 골목의 대표 주자는 단연 을지로이다. 한때 인쇄소, 공업소, 일용직 근로자들로 북적이던 이곳은 오래된 건물 사이로 하나둘씩 생겨난 카페와 공방 덕분에 완전히 다른 분위기가 되었다. 특히 '커피한약방'이라는 카페가 홍콩영화처럼 이국적이고 빈티지한 감성을 내세우며 주목을 받았고, '혜민당' 같은 빵집이 뒤따라 들어서며 골목에 새로운 활기를 불어넣었다. 세운상가와 대림상가 일대는 임대료가 낮아 청년 창업자들이 카페, 작업실, 소규모 숍을 오픈하면서 또 다른 축으로 성장했고, 을지로는 어느새 '힙지로'라는 별칭을 얻을 정도로 MZ세대가 가장 주목하는 도심 골목상권으로 떠올랐다.

을지로 골목상권의 매력은 숨겨진 듯 드러나는 공간에 있다. 초창기 카페들은 간판도 없이 3~4층의 낡은 건물 안에 들어섰고 계단은

한 사람이 겨우 오를 정도로 좁고 가팔랐다. 하지만 오히려 그 불편함이 공간의 개성으로 작용했다. 옛 정취를 간직한 건물에서 마시는 커피 한 잔은 단순한 소비를 넘어 '시간을 여행하는 감성'으로 소비자에게 다가왔다. 결국 을지로는 방송, 드라마, SNS를 통해 널리 알려졌고 이제는 골뱅이와 폭탄주 같은 지역 특색 음식까지 더해져 레트로 문화의 총체적 공간으로 자리 잡았다.

레트로 하면 문래동도 빼놓을 수 없다. 문래동은 낡은 공장과 철공소 사이에 카페와 공방이 들어서며 핫플레이스로 자리 잡았다. 신당동, 서촌, 연남동 등도 오래된 건물과 함께 레트로 분위기를 살려 골목상권으로 변모했다. 특히 연남동은 90년대 빨간 벽돌 다가구주택의 집적지로, 젊은 창업자들에게 저렴한 임대료와 개성 넘치는 공간을 제공했다. 서촌은 오랫동안 청와대와 가까워 일반인들에게는 접근이 쉽지 않았던 곳이지만 보존된 가옥들이 새로운 문화공간으로 탈바꿈하며 주목받았다.

레트로풍 골목상권은 서울에서 희소성이 높아 더 주목받지만 사실 전국 곳곳에 근대 건축물과 정취가 남아 있는 동네들이 많다. 이제 지자체들도 이런 흐름에 맞춰 인공 성곽길을 조성하거나 지역의 근대 자산을 문화 자원으로 활용하는 등의 시도를 이어가고 있다.

③ 평지를 거부한 '뷰맛집 골목상권'

부동산 공부를 하다 보면 "상권은 평지에 형성된다."라는 말을 한 번은 듣게 된다. 실제로 언덕길이나 구릉지대는 유동인구가 불편을 느끼기 쉬운 지형이라 전통적으로 상권의 중심에서 배제되어 왔다.

하지만 골목상권은 이 틀을 가볍게 뒤집는다. 골목상권에는 권리금이 없고 임대료가 저렴하다면 어떤 불리한 조건도 감수할 수 있는 유연함이 있다. 수많은 불리함 속에서도 단 하나의 장점을 발견해 극대화하는 것, 바로 이것이 골목상권의 힘이다. 그중에서도 지형적 불리함을 반전 매력으로 바꿔낸 대표 사례가 바로 뷰맛집 골목상권이다.

높은 건물에서 내려다보는 탁 트인 시야는 개방감과 쾌감을 동시에 준다. 그냥 커피 한 잔을 마시는 행위가 아니라 귀한 공간을 경험하는 것이기에 사람들은 더 큰 만족을 느낀다. 이 경험은 반복될수록 중독적이며 가성비 최고의 경험으로 기억된다.

서울 용산 해방촌 오거리는 대표적인 뷰맛집 골목상권이다. 이곳은 남산을 가로지르는 가파른 소월로를 따라 올라야 해서 실제로는 등산로처럼 느껴지기도 한다. 하지만 그 정상에서 마주하는 풍경은 그 모든 수고를 보상하고도 남는다. 해방촌의 루프탑 카페들과 신흥시장 골목은 오래전부터 감각적인 젊은 층 사이에서 입소문을 타며 고정 팬층을 확보했다. 지금도 주말이면 이곳을 오르는 이들이 줄을 잇는다.

해방촌 외에도 서울에는 뷰맛집 골목상권이 곳곳에 숨어 있다. 경리단길은 남산을 등지고 바라보는 특별한 시야를 갖고 있어 한때 전국에서 가장 핫한 골목으로 자리 잡았다. 낙산 역시 대학로 인근에 위치해 성곽과 도시 풍경이 어우러진 전망으로 주목받고 있다. 이처럼 고도차가 주는 공간미와 뷰는, 그 자체로 경쟁력 있는 콘텐츠가 된다.

서울뿐만이 아니다. 부산 또한 전국에서 지형적 매력이 강한 도시에 속한다. 산과 바다, 구릉과 절벽이 어우러진 도시 구조는 수많은 뷰맛집 상권을 품고 있다. 대표적으로 감천문화마을과 흰여울문화마을 절벽 위에 조성된 골목은 바다를 향해 열려 있어 풍경 그 자체로 경쟁력을 갖추고 있다.

④ 특수 형태 골목상권

골목상권은 대체로 지상에서 시작해 지하로 확장되는 것이 일반적이다. 하지만 서울에서도 손꼽히는 고급 주거지인 한남동 나인원한남 인근의 카페촌은 정반대의 모습을 보여준다. 한남동 카페촌의 특징은 대부분의 매장이 지상층이 아닌 지하에 있다는 점이다. 커피숍이나 맛집은 물론, 미용실이나 의류 매장처럼 지하와 어울리지 않을 것 같은 업종들조차 지하에 있다. 우리가 흔히 골목길에서 마주하는 멋진 숍이나 레스토랑들이 이곳에서는 지하 공간을 무대로 삼고 있는 것이다.

즉, 이곳은 지상에서 출발하지 않고 지하에서 시작해 다시 지상으로 확장되는 역방향 구조를 가지고 있다. 이러한 독특한 확장 방식은 다른 곳에서는 찾아보기 힘든, 특수 형태의 골목상권을 만들어냈다.

마지막으로 골목형 꼬마빌딩 투자자에게 꼭 전하고 싶은 1가지 주의점이 있다. 바로 토지 경계 문제이다. 오래된 골목은 대부분 오랜 시간에 걸쳐 자연스럽게 형성된 지역이라 토지 구획이 명확하게 정리되지 않은 경우가 많다. 이를 '지적불부합'이라고 한다.

실제로 다른 사람의 토지를 침범해 건축된 건물이 매물로 나온 사례도 존재한다. 이런 경우 매입 후 문제가 발생하면 대출 실행이 불가능할 수 있고 건축 허가나 향후 매도까지도 큰 차질을 빚게 된다. 최악의 경우에는 소송으로 이어질 수도 있다. 따라서 매입 전에는 반드시 건축사나 관할 관청을 통해 지적불부합 여부를 직접 확인해야 한다.

서울 용산, 특히 해방촌 일대처럼 오래된 도심 지역에서는 이러한 사례가 드물지 않으므로 투자자가 직접 꼼꼼히 확인하는 습관이 필요하다. 작은 부주의 하나가 큰 리스크로 이어질 수 있기 때문이다.

이제부터는 지금까지 살펴본 4가지 골목상권 유형의 특징과 투자 전략을 하나씩 구체적으로 다룰 것이다.

골목상권 1.
전통 골목상권

📍 서울 종로 익선동 – 클래식한 한류 골목상권

서울은 조선 왕조의 기록과 문화가 녹아 있는 도시이다. 한양으로 불리던 시절부터 이어져 온 전통과 유산은 오늘날에도 도심 곳곳에서 살아 숨 쉬고 있다.

1990년대 전후로는 드라마 〈허준〉, 〈겨울연가〉, 〈대장금〉 등이 세계적으로 인기를 끌면서 한국은 '위험한 전쟁 국가'라는 이미지를 벗어던졌으며 한류 열풍을 타고 관광객이 급격히 늘기 시작했다. 당시 외국인들에게 서울에서 경쟁력 있는 관광지는 고궁과 인사동, 그리고 북촌 한옥마을 정도였다.

막상 서울 중심에 자리 잡은 종로3가 대로는 오랜 시간 문화와 소비의 중심지였지만 대로변을 벗어난 뒷골목은 귀금속 상점과 노년

층의 휴식 공간으로 기능하며 비교적 정체되어 있었다.

익선동은 바로 이 귀금속 거리와 어르신 거리의 중간 지점에 자리한 좁고 낡은 한옥 밀집지였다. 골목이 너무 협소해 두 사람이 나란히 걷기조차 어려웠고 주택 개별 개발도 쉽지 않았다. 2000년대 초반 부동산 붐 속에서 호텔·오피스텔·아파트 복합 개발 계획이 세워졌지만, 도시정비구역 지정으로 인해 개별 건축은 제한되었다. 개발은 지지부진했고 익선동은 점차 슬럼화되었다.

그러나 역세권 입지(종로3가역 3·5호선)와 업무지구 인접지역이라는 장점 덕분에 갈매기살 골목으로 불리는 먹자 상권이 형성되며 명맥을 이어갔다. 그러던 중 2010년 이후 젊은 창업자들이 낮은 임대료와 한옥의 독특한 분위기에 주목해 하나둘 입점하기 시작했다.

낡은 한옥을 감각적으로 리모델링한 카페와 음식점은 SNS를 통해 빠르게 알려졌다. MZ세대의 감성과 코드가 반영된 공간은 익선동만의 클래식한 매력을 완성했고 전국 어디에서도 볼 수 없는 독창적 상권으로 자리 잡았다. 경리단길과 비슷한 시기에 싹튼 익선동은 2017년만 해도 한옥 주택이 더 많았으나, 불과 몇 년 사이에 대부분이 상가로 변모했다. 지금은 100채가 넘던 한옥 중 6채만 주택으로 남아 있을 정도이다.

코로나 시기에 잠시 주춤했지만 한류 열풍과 함께 외국 관광객이 몰려들며 익선동은 다시 급성장했다. 북촌이 단순히 한옥을 '구경하는 곳'이었다면 익선동은 카페·음식점·관광용품 숍을 통해 한국의 역사와 문화를 직접 체험할 수 있는 공간으로 거듭났다. MZ세대가 키운 상권에 글로벌 관광객이 날개를 달아준 셈이다.

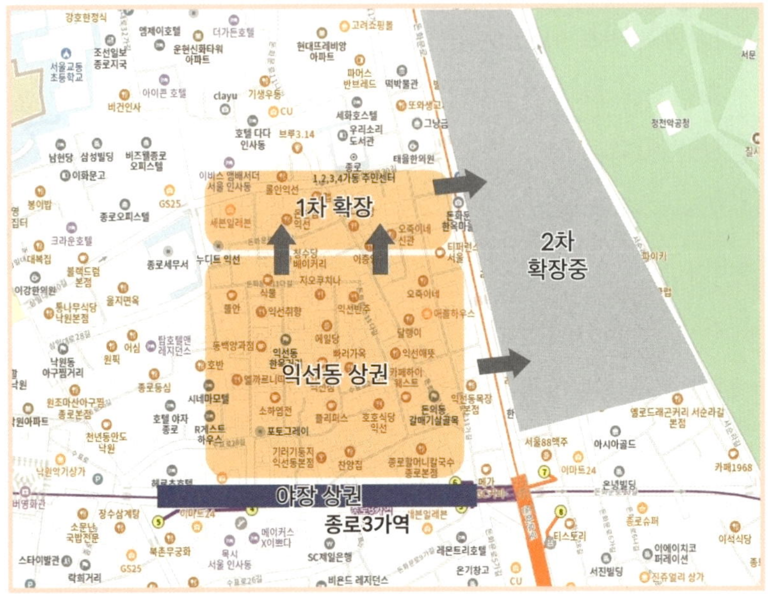

출처 : 카카오맵

익선동의 매력은 기존 골목상권과는 전혀 다른 성격에 있다. 한국이 아닌, 조선을 느낄 수 있는 클래식한 분위기와 함께, 저녁이면 도로변에 펼쳐지는 야장 상권과 갈매기살 골목에서 서민적인 감성도 즐길 수 있다. 전통과 로컬 감성이 공존하는 독특한 상권인 것이다.

나는 2020년 이후 익선동이 확장될 것이라 확신했고 중심부보다는 상대적으로 저렴한 주변부 투자를 권했다. 실제로 익선동의 강한 상권 에너지는 순라길 방향으로 확장되었고 지금은 종묘 주변까지 이어지고 있다. 현재의 인기를 감안하면 이 확장은 앞으로도 계속될 가능성이 높다.

📍 경주 황리단길 – 천년고도를 품은 골목상권

천년고도의 도시라 불리는 경주는 도시 전체가 전통적 한옥 분위기이다. 불국사, 첨성대, 대릉원 같은 문화재는 물론이고 주유소·학교·프랜차이즈 매장조차 한옥형 건물로 지어져 있어 어디를 가나 한국의 전통미를 발견할 수 있다.

그러나 그 이면에는 '개발의 어려움'이라는 한계도 존재한다. 땅을 파면 문화재가 나올 수 있기 때문에 철거나 신축이 자유롭지 않다. 이런 이유로 도심 중심부는 오랜 시간 낙후된 채 활기를 잃어갔다.

특히 천마총과 수십 개의 신라 왕릉이 모여 있는 대릉원 주변은 문화재 '특별보존지구'나 '보존육성지구' 등으로 지정되어 개발이 제한된다. 자연히 상권 형성도 어려웠고 임대료도 낮게 형성됐다. 하지만 바로 그 점이 기회였다. 저렴한 월세를 찾아 청년 창업자들이 이 골목에 모여들기 시작했다. 낡은 한옥을 직접 고쳐 카페, 공방, 음식점으로 재탄생시키는 움직임이 일었다. SNS를 통해 입소문이 퍼졌고 고풍스러운 공간에서 전통을 소비하는 '황리단길'이 탄생했다.

2017년에는 황리단길을 전국구 명소로 만든 결정적 계기가 있었

고풍스럽고 한국적인 미를 갖추고 있는 경주 황리단길 모습

경주 황리단길의 확장 경로

출처 : 네이버지도

다. 바로 인기 TV 프로그램 〈알쓸신잡〉에 소개된 것이다. 유명 작가와 평론가, 교수들이 경주의 골목상권과 월세에 대해 이야기를 나누는 장면은 큰 반향을 불러일으켰다. 방송 이전에도 어느 정도 알려져 있었지만 이 프로그램을 기점으로 황리단길은 전국적인 관광 명소로 급부상했다.

그 결과 임대료가 급격히 상승했고 이전보다 더 젠트리피케이션 현상이 심해졌다. 아이러니하게도 월세 문제를 언급했던 방송이 오히려 황리단길을 더 유명한 핫플레이스로 만든 셈이다.

경주시는 이 흐름을 확산하기 위해 한옥 신축을 장려하고 수천만 원에서 억대까지 건축비를 지원했다. 덕분에 낡은 집들이 멋진 한옥

황리단길 내 황남시장의 모습

과 2층 구조의 독특한 건물로 재탄생했고 대구와 부산 등에서 온 외부 투자자들도 적극적으로 참여했다. 황리단길은 이제 수도권 투자자들까지 일부러 찾아오는 전국구 상권이 되었고 외국인들에게도 한국을 대표하는 전통형 관광지로 자리 잡았다. 반짝 인기가 아니라 꾸준히 성장 가능한 상권으로 자리 잡은 것이다.

황리단길의 급성장은 점점 확장되었다. 내가 몇 년 전부터 주목했던 지역은 '황남시장'이다. 황리단길 안에 위치하지만 과거에는 시장 기능을 잃고 창고나 사무실로 쓰이던 공간이 대부분이었다. 그런데 연남동 동진시장이나 해방촌 신흥시장처럼 이곳에도 변화가 시작됐다. 낮은 임대료와 창업 비용 덕분에 젊은 창업자들이 이 공간을 새로운 상업 공간으로 활용하기 시작한 것이다. 과거에는 사람도 드물던 시장 골목이 이제는 감각적인 음식점과 카페, 수공예 상점들로 채워지고 있다.

황남시장은 상가투자 관점에서도 흥미롭다. 대부분이 집합건물의 구분상가로 이뤄져 있어 소액 투자도 가능하고 별도의 대표 관리자가 건물을 관리하기 때문에 관리 부담도 적다. 내가 이곳을 추천할 당시엔 평당 1,000만 원 내외로 매수가 가능했지만 지금은 평당 2,000만 원 이하의 매물도 찾기 힘들다. 여전히 황리단길의 인기는 현재진행형이며 앞으로도 창업 수요가 이어지고 매물은 줄어들 것이므로 시세 상승 여력은 여전히 크다.

골목상권 2.
레트로 감성의 골목상권

📍 한국의 브루클린, 성수동

지역 전체가 하나의 브랜드처럼 인식되는 성수동은 기존의 골목 상권들과는 결이 조금 다르다. 1990년대와 2000년대 초반, 서촌·삼청동 같은 1세대 골목상권이 사람들에게 골목의 매력을 알렸고 이어 샤로수길·연남동·익선동 같은 2세대 골목상권이 생겨났다. 이어서 등장한 성수동은 '한국의 브루클린'이라는 별칭과 함께 현재 최고의 한류 관광지이자 대한민국을 대표하는 가장 뜨거운 지역으로 자리 잡았다.

특히 2024년에서 2025년으로 넘어오는 1년 사이에 성수는 또 한번 거침없는 변화를 보여주었다. 눈에 띄는 것은 다양한 스포츠·의류 브랜드의 공격적인 진출이다. 이는 최고의 상권이 갖추어야 할 업

출처 : 카카오맵

종의 기본 구성을 갖춘다는 점에서 남다른 의미가 있다. 강남대로와 홍대입구역 주변을 보면 알 수 있듯이 스포츠와 의류 브랜드는 핵심 상권의 필수 구성 요소다. 요즘 아디다스가 직영점을 공격적으로 확장하면서 성수에 플래그십 매장을 여는 것은 물론, 대규모 공간에서 팝업 행사도 주저함 없이 진행하고 있다.

오랜 시간 동안 카페 거리의 메카 역할을 했던 성수의 연무장길은 이제 명품 브랜드, 화장품, 스포츠, 의류, 액세서리 브랜드의 플래그십 스토어로 채워지고 있다. 프라다와 구찌 매장, 뉴발란스·아디다스·MLB 같은 스포츠 브랜드가 포진해 있고 요즘 핫한 브랜드로 떠오른 블루엘리펀트도 자리한다. 핫플에만 입점하는 아더에러는 이곳에 2곳이나 매장을 두고 있고 무신사는 성수 곳곳에 의류를 넘어 화장품으로 새로운 영역을 확장하고 있다.

글로 표현하기 어려울 정도로 많은 패션 관련 브랜드들이 성수 곳곳에 들어섰다. 과거 명동과 청담 로데오에 매장을 두어야 했다면 이제는 성수의 연무장길 주변이 그 역할을 이어받은 것이다. 이제 성수동은 한국의 브루클린과 소호를 넘어 세계 속의 성수로 도약하는 우리의 대표 상권이자 브랜드가 되고 있다.

성수동은 원래 1960년대 경공업 중심지로 출발해 자동차 수리업과 맞춤 수제화의 메카로 성장했다. 1990년대에는 유명 신발 브랜드와 관련 업종이 대거 모여 있었고 지금도 수제화 거리를 통해 그 명맥이 이어지고 있다. 하지만 낡은 공장이 많아지면서 지역은 점차 쇠퇴했고 2000년대 후반 한강변 개발 계획이 발표되며 가격은 폭등했

파격적인 콘셉트의 카페와 화려한 쇼룸, 명품 브랜드 팝업스토어가
곳곳에 자리한 한국의 브루클린, 성수동 거리

성수동의 팝업스토어 임대를 희망하는 홍보물

지만 개발은 지지부진했다. 투자 열기가 식자 동네는 다시 침체되었고 임대료조차 낮아 새로운 임차인을 찾기 어려운 상황이 이어졌다.

이때 등장한 것이 새로운 시각을 가진 창업자들이었다. 그들은 낡은 공장과 건물 1층을 개조해 파격적인 콘셉트의 카페를 열었고 이는 시대적 흐름과 맞물리며 빠르게 인기를 끌었다.

성수동이 본격적으로 주목받은 계기는 2015년, '대림창고'의 등장이었다. 대규모 창고를 갤러리·카페·컨벤션 공간으로 탈바꿈시킨 이곳은 국제적 행사까지 유치하며 성수동의 상징이 되었다. 대림창고 외에도 '어니언' 등 공장형 건물의 넓고 트인 구조를 살린 카페들이 속속 등장하고 다양한 시설과 브랜드가 모여들면서 성수동은 현재 홍대, 용산과 함께 개성 있는 상권으로 꼽히게 되었다.

성수동의 차별화는 카페에만 머물지 않았다. 이곳은 다양한 브랜드의 팝업스토어가 집중되는 성지로 자리 잡으며 MZ세대의 열광적인 반응을 얻었다. 특히 명품 브랜드 디올이 성수동에 매장을 열면서 상권의 위상이 한 단계 더 격상되었다. 이제 단순한 카페 거리나 로컬 상권이 아니라 글로벌 브랜드가 실험하고 교류하는 무대로 확장된 것이다.

성수동은 현재 최전성기를 맞고 있어 투자 비용이 만만치 않다. 꼬마빌딩의 경우 소형 물건은 희소하다. 40평 미만의 건물은 평당 1억 5,000만~2억 원대에 거래되며 이는 강남 주요 지역 꼬마빌딩과 비슷한 수준이다. 반면 개발이 어려운 골목 안쪽 건물은 상대적으로 저렴해 평당 5,000만 원대 매물도 존재한다.

건축은 어렵지만 리모델링이 가능한 낡은 다가구 건물, 또는 외곽에 남아있는 소형 물건을 노려보는 것도 방법이다. 폭이 2m 내외인 골목길 안쪽의 비인기 구역도 비교적 저렴한 평당가로 진입이 가능하다.

성수동은 앞으로도 계속 성장할 가능성이 매우 높다. 특히 팝업스토어의 성지로서의 위상은 더욱 견고해질 것으로 예상된다. 앞으로 더 많은 명품 브랜드의 진출이 이어지고, 고정형 매장이 확대되며 지자체의 지원까지 더해진다면 성수동 상권의 프리미엄은 더욱 높아질 것이다.

📍 철길 위에 세워진 골목상권, 연남동

과거 연남동은 화교학교의 영향으로 중국계 교포들이 많이 거주

연남동 골목상권의 모습

하던 동네였다. 덕분에 유명한 중국집이 밀집해 있었고 철길 주변으로는 기사식당 거리가 형성되었다. 하지만 상권으로서의 의미는 미미했고 평범한 주택가에 불과했다.

우리가 흔히 말하는 '연남동 상권'의 출발점은 사실 행정구역상 동교동이다. 상권은 동교동에서 시작됐지만 대부분의 공간이 연남동에 속해 있었기에, 자연스럽게 '연남동 상권'이라 불리게 되었다.

연남동은 홍대와 가까움에도 불구하고 철로로 단절되어 있어 고립된 느낌의 동네였다. 그러나 경의중앙선 철길이 지하화되면서 그 위로 경의선숲길 공원이 조성되자 분위기가 바뀌기 시작했다.

처음에는 지역 주민을 위한 단순한 쉼터 조성 사업으로 여겨져 큰 기대가 없었다. 실제로 폐선된 철도 노선 주변에 공원이 조성된 사례는 많지만, 이후 이렇게 엄청난 변화를 일으킨 경우는 드물다. 가까운 인천의 사례만 봐도 그렇다. 하지만 2015년 연남동 구간이 완성되면서 변화는 급물살을 탔다. 사람들은 이 숲길을 '연트럴파크'라 부르기 시작했고 그 이름처럼 새로운 상권의 상징으로 자리 잡았다.

연남동의 진짜 변화는 동진시장에서 출발했다. 시장 기능이 쇠퇴하면서 방치되던 공간에 젊은 창업자들이 낮은 월세를 발판 삼아 하나둘 입점했고, 이들이 감각적인 가게를 만들며 골목 분위기를 바꾸었다. 도시재생 프로그램의 지원까지 더해지며 동진시장은 완전히 새로운 공간으로 탈바꿈했다.

이후 숲길을 따라 리모델링과 용도변경이 확산되면서 카페·음식점이 속속 들어섰고 상권은 급속도로 성장했다. 공항철도와의 연결은 전국적 접근성을 높였고 외국인 관광객이 찾아오자 게스트하우스가 늘면서 글로벌한 분위기를 더했다. 그렇게 연남동은 홍대와 함께 한국 젊은 문화를 대표하는 장소로 세계에 알려지게 되었다.

2017년만 해도 골목 내부의 건물 상당수가 여전히 주택이었다. 그러나 단독·다가구 주택들이 차례차례 상가로 전환되며 불과 몇 년 사이에 투자 붐이 일었다. 주거형 건물을 매입해 리모델링하거나 재건축하는 방식으로 상권이 빠르게 확장되었고 연남동은 골목상권의 대표 지역으로 부상했다.

연남동의 매력은 익선동의 클래식함과 달리 복고풍을 현대적으로 해석한 세련된 리모델링에 있다. 공간 밀집도가 높아 볼거리와 즐길거리가 많고 향후 확장성도 충분하다. 특히 지역의 고유한 분위기를 보존하고 업종의 무분별한 입점을 제한하기 위해 지정되었던 '휴먼타운' 구역이 2022년에 해제되면서 과거 모습이 남아있던 지역에도 변화의 바람이 불고 있다.

무엇보다 연남동은 홍대라는 초대형 상권의 인접 효과를 톡톡히 누렸다. 강력한 중심 상권 옆에서 짧은 시간에 자리를 잡았고 빠른 확장세를 보였다. 게스트하우스 수요, 철길 부지를 활용한 녹지, 교통 접근성까지 투자 조건도 뛰어났다.

상가 투자자는 인접 지역의 다가구·단독주택 밀집 지역을 주목해야 한다. 특히 경성고등학교 안쪽은 상권이 확장될 가능성이 높으며 최근 연희동 카페거리의 확산세도 뚜렷하다. 다만 연희동은 건물 규모가 커 초기 자금 부담이 있기 때문에 여유를 두고 접근하는 것이 바람직하다.

골목상권 3.
뷰맛집 골목상권

📍 역사와 뷰가 만든 골목상권, 해방촌 오거리

이태원 일대는 조선 말기 청나라 군대, 일제강점기 일본군, 해방 이후 미군이 주둔했던 지역이다. '해방촌'이라는 이름은 한국전쟁 이후 미군 부대 인근으로 전국 각지 사람들이 몰려들면서 붙여졌다. 특히 월남한 피란민들이 많았고 이들이 생존을 위해 부대 주변에서 의식주를 해결하며 마을이 자리 잡았다.

일제강점기 당시 신사가 있던 이곳은 해방 이후 본격적으로 사람이 모여들며 마을이 부대 주변에서 남산 중턱까지 확장되었다. 인구가 늘면서 오거리 주변에 형성된 시장이 바로 신흥시장이다. 해방촌은 직물·봉제 가내수공업이 중심이었고 당시 신흥시장은 사람들로 붐비던 생활 중심지였다. 그러나 대형마트와 온라인 쇼핑의 성장으

출처 : 카카오맵

로 신흥시장은 점차 활기를 잃고 원룸이나 창고로 용도가 바뀌었다.

변화의 전환점은 미군이 평택으로 이전한 이후이다. 한국인의 비중이 늘었지만 동시에 외국인 거주자도 많아져 해방촌만의 다문화적 매력은 더욱 강화되었다. 그러던 중 2015년 전후로 도시재생 지원 사업을 본격 추진하면서 신흥시장에 변화의 바람이 불었다. 시장 전체를 리모델링하며 전기 배선과 상·하수도 배관을 정비했고 구조적 한계를 보완하기 위해 아케이드 지붕을 설치했다. 기존에는 눈과 비에 취약했지만 지붕이 생기며 공간은 보다 쾌적해졌고 루프탑 공간을 조성해 전망을 즐길 수 있게 되었다. 오랜 공사 끝에 신흥시장은 여성과 젊은 층에게 인기가 높은 공간으로 재탄생했고 죽어가던 시장은 다시 활기를 찾았다.

해방촌의 신흥시장(좌)과 주변의 전망 좋은 카페(우) 모습

신흥시장은 연남동의 동진시장, 경주 황리단길의 황남시장과 더불어 골목상권 시장 전성시대를 이끄는 대표적인 사례이다. 도시재생 지원이 결정된 2016년부터 연예인을 비롯한 투자자들이 유입되었고 시장 주변 건물도 루프탑 카페와 감각적인 가게로 변모하기 시작했다.

해방촌은 경사가 가파르고 교통 접근성이 썩 좋지 않지만 그 단점을 압도하는 뷰(조망권)를 갖고 있다. 남산 중턱에서 내려다보는 서울 도심 풍경은 그 자체로 강력한 매력 포인트이다. 이 때문에 과거부터 드라마·광고 촬영지로 자주 활용되었고, 지금은 한류 관광객에게도 인기 있는 명소가 되었다.

신흥시장의 미래를 밝게 보는 이유는 바로 용산공원과의 인접성 때문이다. 시장에서 용산공원 상단부까지는 도보 5분 거리로 향후 공원과 해방촌을 잇는 다양한 개발 시도가 충분히 가능하다. 실제로 과거에 '종묘-남산-해방촌-한강'을 잇는 도심 그린벨트 계획이 발표된 적도 있다.

입지 구조를 보면 위로는 남산·아래로는 용산공원, 그 사이에 해방촌 오거리가 있다. 100만 평 규모의 용산공원을 끼고 있다는 점만으로도 해방촌은 향후 개발 이슈의 중심이 될 수밖에 없다.

해방촌은 이미 신흥시장이라는 콘텐츠를 갖추고 있고, 용산공원 개발의 직접적인 후광 효과를 받을 수 있다. '용산'이라는 프리미엄 입지를 누리면서도 용산 최중심부에 비해 상대적으로 적은 투자금으로 접근할 수 있다는 점은 큰 매력이다.

큰 그림을 그리는 투자자라면 지금 이 시점에서 해방촌 오거리를 눈여겨봐야 한다. 역사·문화·입지·뷰가 모두 결합된 주목받는 골목상권이며 향후 용산공원과 함께 다시 한번 주목받을 가능성이 충분한 지역이다.

📍 한국의 이비자, 강원도 양리단길

1990년대 이후 한국 사회는 급격히 변했다. 특히 2010년대 들어 "You Only Live Once(YOLO)"라는 구호가 등장하면서 개인의 행복과 경험을 중시하는 소비 문화가 본격화됐다. 이전 세대가 집단을 위해 희생을 당연하게 여겼다면 MZ세대는 여행, 취미, 버킷리스트 같은 키워드를 앞세워 자기 삶을 즐기기 시작했다.

그 흐름 속에서 예상 밖의 아이템이 부상했다. 바로 '서핑'이다. 멀고 낯설게만 느껴졌던 서핑을 강원도 해안에서 즐길 수 있게 되면서

양양 서피비치

완전히 새로운 해안 상권이 탄생하게 되었다. 시작은 2015년 강원도 양양 하조대 해변에 서피비치(SURFY BEACH)가 문을 열면서이다. 처음엔 일부 마니아들만 찾았지만 곧 서핑이 새로운 라이프스타일로 자리 잡으며 양양은 단숨에 전국적 핫플레이스로 떠올랐다. 불과 몇 년 만에 연간 100만 명 이상이 찾는 대한민국 대표 여름 휴양지가 된 것이다.

그러나 폭발적 인기에 비해 서피비치 주변의 인프라는 턱없이 부족했다. 주차장과 작은 식당 몇 곳이 전부였던 곳이다. 자연스레 사람들은 인근 마을로 눈을 돌렸고, 그렇게 주목받기 시작한 곳이 바로 '양리단길'이다.

서피비치에서 불과 4km 떨어진 작은 포구 마을인 양리단길은 원래 조용한 어촌이었다. 그러나 감각적인 카페, 맥주집, 외국 음식 식당들이 들어서면서 분위기가 달라졌다. '~리단길'이라는 네이밍은 이미 서울의 경리단길, 망리단길 등을 통해 소비자들에게 익숙하게 각인되어 있어 '양리단길'이라는 이름 자체가 상권의 인지도를 끌어올리는 강력한 브랜드가 됐다. 낮에는 서피비치에서 서핑을 즐기고, 밤에는 양리단길로 이동해 문화를 즐기는 패턴이 정착되면서 양리단길은 MZ세대를 위한 해변형 골목상권으로 자리 잡게 되었다. 나중에는 양리단길 앞 해수욕장에서 서핑 교육과 장비 대여도 이루어지기 시작하면서 관광객들이 처음부터 양리단길을 목적지로 삼는 경우도 생겨났다.

양리단길은 기존 동해안 상권과는 전혀 다른 흐름으로 진화하고 있다. 횟집과 커피숍 중심이 아닌, 감성 카페와 이국적인 음식점, 분위기 있는 포장마차, 헌팅포차, 클럽 등 도시에서나 볼 법한 업종들이 바다와 어우러지며 독특한 상권을 형성했다. 밤 12시에도 클럽 앞에 줄이 이어지고 해변에서는 DJ 파티가 새벽까지 열려 해외 휴양지에 온 듯한 분위기다.

최근에는 수십 층 규모의 고급 숙박시설이 들어서면서 민박 위주였던 숙박 수요가 호텔 중심으로 바뀌고 있다. 해변에서 불과 5분 거리에 고급 숙소가 있고 서핑 강습부터 클럽 문화까지 한 번에 경험할 수 있는 지역은 전국 어디에서도 찾기 어렵다.

그러나 짧은 시간에 급부상한 상권은 언제든 꺾일 수 있다는 우려의 목소리도 있다. 대표 사례로 서울 경리단길은 임대료 급등으로 기존 업종이 무너지고 공실이 늘어나며 침체기를 겪었다. 하지만 양리단길은 단순 소비 공간이 아니라 '서퍼 문화'라는 뚜렷한 정체성을 바탕으로 형성된 만큼, 지속 가능성이 더 크다고 볼 수 있다.

게다가 서피비치와 양리단길은 아직도 개발이 한창이다. 고급 리

양리단길의 클럽 앞에 젊은이들이 줄 서 있는 모습

조트와 호텔이 속속 들어서고 있고 해수욕장이 문을 닫은 이후에도 투자는 계속되고 있다. 서울에서 멀지 않고 외국 같은 분위기를 느낄 수 있으며 젊은 층에게 압도적인 인기를 얻고 있다는 점은 매우 강력한 경쟁력이다. 일부에서는 퇴폐적인 분위기를 걱정하는 목소리도 있지만 운영 주체들의 노력과 지자체의 정책이 뒷받침된다면 양리단길은 한국의 이비자(스페인 령의 지중해 섬으로 세계적으로 유명한 여름 관광지)처럼 진화할 가능성도 충분하다.

골목상권 4.
특수 골목상권

📍 서울 한남동 골목상권

앞서 살펴본 3가지 유형과는 결이 조금 다른, 특수한 형태의 골목 상권도 존재한다. 일반적으로 골목상권은 주택가나 상업지역 가장자리에 저렴한 임대료를 기반으로 형성된다. 콘텐츠를 갖춘 임차인이 들어서면서 조금씩 관심을 끌고 시간이 지나 상권으로 발전하는 것이 보통의 흐름이다.

그런데 상권이 형성되기에 애매한 입지임에도 불구하고 어느 순간 활발히 성장하며 시세가 급등한 사례가 있다. 대표적인 곳이 바로 '한남동 카페촌'이다. 서울 용산구 한남동은 말 그대로 땅값, 건물값이 서울 최고 수준에 속하는 동네이다. 그 고급 주거지 한복판인 나인원한남 인근에 특별한 상권이 형성되어 있다. 화려한 멋집과 맛집

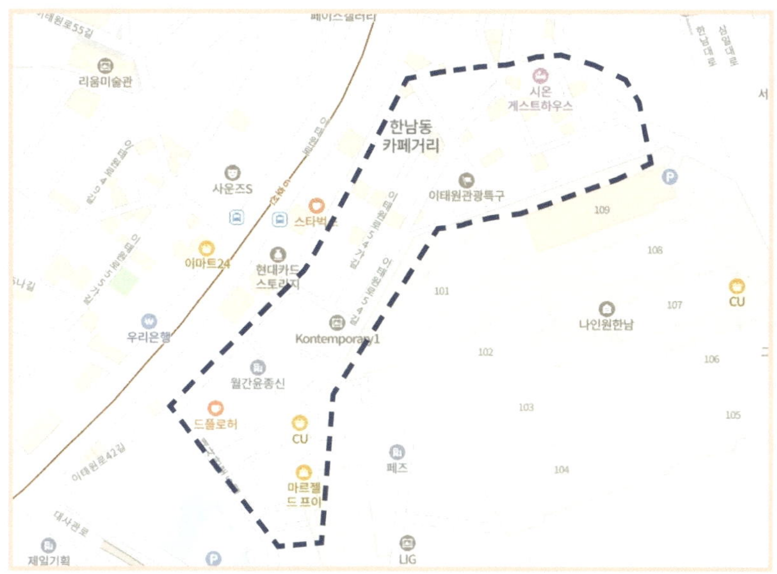

한남동 카페거리

출처 : 네이버지도

이 즐비하다는 점에서는 다른 골목상권과 비슷하지만 출발점은 조금 다르다. 대부분의 상권은 지상에서 출발해 수요가 넘치면 지하나 2층 이상 공간으로 확장된다. 하지만 한남동 카페촌은 정반대이다. 지하에서 먼저 시작한 상권이 점차 지상으로 올라오며 확장되었다. 이런 경우는 흔치 않다.

일반적으로 골목상권은 임대료가 저렴한 외곽이나 주택가에서 시작된다. 한남동 역시 주택 밀집 지역이지만 기본적인 땅값과 건물값이 워낙 높게 형성되어 있다. 이 때문에 사업자는 상대적으로 저렴한 지하 공간부터 시작할 수밖에 없었다.

한남동 카페거리는 커피숍, 맛집뿐 아니라 미용실, 의류 편집숍, 콘셉트 스토어처럼 보통은 지상에서 운영되는 업종들조차 지하 공간을 적극적으로 활용하고 있다. 몇 군데가 예외적으로 지하에 운영하는 것이 아니라, 이 일대 자체가 지하 중심의 상권으로 형성되었고 이태원 상권과 연결된 핵심 축 중 하나로 성장했다.

초기에는 지하 공간만 상업용으로 활용하던 다가구 주택이 많았다. 그러나 상권이 점차 커지면서 1~2층 공간까지도 상업용도로 전환되기 시작했고, 결국 건물 전체가 상가화되며 꼬마빌딩으로 변신하는 사례도 늘어났다.

내가 강의 중에 이 사례를 소개하면 수강자들은 "우리 동네에도 반지하가 많은데 한남동처럼 될 수 있을까요?"라는 질문을 종종 한다. 하지만 이 모델은 한남동이기 때문에 가능했다는 점을 강조하고 싶다. 단순히 구조만 모방해서는 성공하기 어렵고 그 지역만의 유동인구, 소비층, 브랜드 가치가 뒷받침되어야 가능한 방식이다.

한남동 골목상권은 여전히 확장 중이다. 이태원 상권의 확장과 함께 한남동도 꾸준히 유동 인구가 증가하고 있으며 앞으로도 더욱 탄탄한 골목상권으로 자리 잡을 가능성이 높다.

시장은 새로운 투자처가 될 수 있을까?

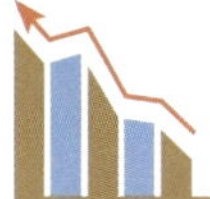

📍 관광형 시장의 가능성

골목상권 이야기를 하다 보면 자주 등장하는 단어가 있다. 바로 '시장'이다. 시장은 시대를 막론하고 인류와 함께해온 가장 오래된 상권의 뿌리이다. 물물교환 시절부터 1차 산업 시대까지, 시장은 상가와 상권의 출발점이었다.

조선시대 한양에는 세 곳의 중심 시장이 있었다. 종로 시전, 남대문 근처의 칠패시장, 동대문과 청계천 인근의 이현시장이 그것이다. 이후 산업이 발달하면서 시장은 현대식 상업공간으로 업그레이드되기 시작했다. 백화점, 쇼핑센터, 아울렛, 복합쇼핑몰이 등장했고 사람들은 일상생활에 필요한 거의 모든 것을 이곳에서 해결할 수 있게 되었다.

3차 산업 시대로 접어들면서 상거래는 온라인으로 진화했다. 가상의 판매 공간이 등장했고 배송 시스템 발달은 '가격'이라는 무기로 오프라인 매장보다 앞선 경쟁력을 만들어냈다. 이런 변화 속에서 시장도 자신의 역할을 다시 찾아야 했다. 예를 들어 이현시장은 동대문시장으로, 칠패시장은 남대문시장으로 이어지며 여전히 한국 상업의 중심지로 기능하고 있다.

그러나 뚜렷한 기능을 가지지 못한 시장들은 쇠락의 길을 걷고 있다. 쓰임새를 잃은 공간은 다른 용도로 바뀌거나 아예 문을 닫기도 한다. 전국 곳곳의 전통시장들이 비슷한 어려움에 놓여 있는 것이 현

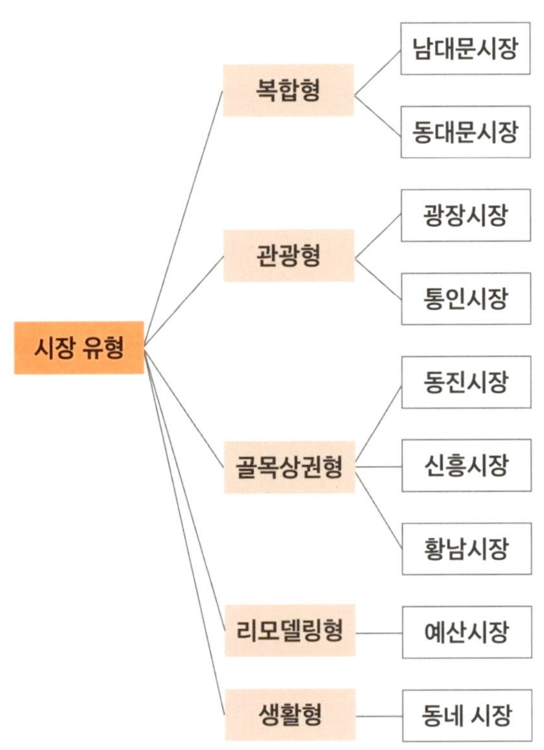

관광형부터 골목상권형까지 다양한 시장들의 변화와 재생

실이다. 하지만 도시재생을 통해 다시 활기를 찾는 시장들도 있다. 서울 해방촌의 신흥시장처럼 오래된 공간에 새로운 콘텐츠가 더해지면 상권은 다시 살아난다.

시장은 여전히 한국인의 생활문화를 오롯이 느낄 수 있는 공간이다. 종로의 광장시장, 서촌의 통인시장처럼 이미 관광객들에게 잘 알려진 시장들도 있고 동묘 벼룩시장처럼 중고품과 골동품 거래로 특화된 곳도 있다. 신당동 중앙시장도 몇몇 맛집을 중심으로 주목받기 시작하였다. 이런 사례는 앞으로도 '관광형 시장'의 가능성이 크다는 것을 보여준다.

📍 기회는 어디에 있는가

　정부와 지자체는 쇠퇴한 시장을 살리기 위해 다양한 재생 프로젝트를 추진 중이다. 예산시장처럼 성공 사례로 떠오른 경우도 있지만 많은 시장은 기대만큼의 성과를 내지 못하고 있다. 시장 재생의 성패는 자금과 제도 지원만으로는 결정되지 않는다. 콘텐츠, 입지, 사람들의 수요가 맞아떨어질 때 진짜 변화가 시작된다.

　아직 주목받지 못한 지역의 시장이라도 도시재생의 바람이 불고 관광자원화 가능성이 있다면 또는 골목상권 내에서 주도적인 역할 수 있는 시장이라면 충분히 투자처가 될 수 있다. 지금도 전국 어딘가에서는 내일의 핫플레이스로 바뀔 시장이 조용히 투자자를 기다리고 있을지 모른다.

현장을 읽는 자가
기회를 선점한다

만약 상가를 단순히 투자 대상으로만 봤다면 지금보다 훨씬 가벼운 마음으로 투자할 수 있지 않았을까 가끔 생각하곤 한다. 하지만 책을 쓰고 강의하며 많은 사람들에게 투자 방향을 제시하는 입장이 된 이상 그럴 수는 없다. 이제는 내 말 한마디가 누군가의 선택이 되고 그 선택이 삶의 결과로 이어질 수 있다는 사실을 늘 마음에 새기며 살아간다.

나는 실전 투자자이다. 쉽게 돈 벌 수 있다거나 누구나 성공한다는 식의 이야기는 절대 하지 않는다. 내가 직접 투자하지 않을 물건이라면 그 누구에게도 권하지 않는다는 원칙만큼은 단 한 번도 흔들린 적이 없다.

상가 전문가라면 일반 부동산 강사와는 다른 길을 가야 한다.

첫째, 시도 때도 없이 현장을 다녀야 한다.

둘째, 현장을 기반으로 상권의 변화를 분석해야 한다.

셋째, 이론과 현장이 다를 경우, 현장을 중심으로 적용해야 한다.

나는 십수 년 동안 수만 킬로미터의 현장을 누볐고 지금도 마찬가지다. 누군가는 가끔 자동차로 돌아봐도 되지 않냐고 묻는다. 그러나 상가는 변수가 너무나 많다. 상권에는 흥망성쇠가 있기 때문이다. 코로나 시기가 그랬고 지금의 경기 악화도 마찬가지다. 매 순간 상황이 달라진다.

현장을 다니면 이런 변화가 손에 잡힌다. 뜨는 업종과 지는 브랜드를 매장 안 손님의 숫자만 봐도 알 수 있다. 저가형 커피 전문점에 손님들이 줄 서 있을 때, 바로 옆 중가 브랜드가 텅 비어 있는 모습을 현장에서는 생생하게 목격하게 된다. 이렇게 현장 경험을 쌓으면 뜨는 상권을 빠르게 알아차릴 수 있고 뜨기 직전의 지역은 한발 먼저 발굴할 수 있게 된다. 이러한 습관을 들이면 창업 분석도 그리 어렵지 않다. 업종 구성의 밸런스와 조건들이 현장 분석을 통해 체득되었기 때문이다.

결국 상가로 확실하게 보장된 수익을 내려면 발품과 손품을 파는 노력이 필요하다. 금리가 오르고 경기가 나빠진 요즘, 안정적이면서 큰 수익을 내기란 쉽지 않다. 그럼에도 보장된 수익을 낼 수 있는 물건을 확보하려면 지역의 변화와 상권을 꿰뚫어 보고 있어야 한다.

내가 현장을 오랜 시간 지속적으로 누비고 기록하는 또 다른 이유는 스터디 그룹 때문이기도 하다. 나는 2017년부터 스터디 그룹을 운영하고 있다. 방식은 단순하다. 4명씩 4개 조로 모여 한 달 혹은 보름 동안 조사한 지역이나 물건을 30분간 발표한다. 나는 발표를 들으며 즉석에서 분석을 진행하는데, 미리 자료를 받거나 물건 번호를 묻지 않는다. 전국 어느 지역이든, 어떤 상권이든, 상가뿐 아니라 다가구, 단독, 토지 등 어떤 물건이든 듣는 즉시 분석한다. 긴 세월 현장에서 직접 쌓아온 데이터와 노하우가 있기 때문이다.

물건을 가리지 않는 이유는 어떤 개발 호재인지 모르기 때문이고, 호재에 따라 반응하는 부동산이 다르기 때문이다. 정말 강력한 호재인데 주변이 허허벌판이라면 땅이라도 사야 한다. 나 역시 호재 지역의 토지를 경·공매로 받아 놓았고 상당한 시세 차익을 보고 있다.

그래서 나는 오늘도 현장으로 향한다. 걷고, 보고, 듣고, 느끼며, 그 속에서 진짜 가치를 찾아내어 기회를 선점한다. 상가투자의 진짜 기술은, 바로 그곳에 있기 때문이다.

나는 5천만 원으로
두 번째 월급 받는다

초판 1쇄 발행 2026년 1월 19일

지은이 홍성일
펴낸이 김선준

편집이사 서선행
책임편집 송병규 **편집3팀** 이은애, 서윤아
마케팅팀 권두리, 이진규, 신동빈
홍보팀 조아란, 장태수, 이은정, 권희, 박미정, 조문정, 이건희, 박지훈, 송수연, 김수빈, 현유진, 정지호
표지·본문 디자인 외주 STUDIO 보글
경영관리 송현주, 윤이경, 임해랑, 정수연

펴낸곳 페이지2북스
출판등록 2019년 4월 25일 제2019-000129호
주소 서울시 영등포구 여의대로 108 파크원타워1, 28층
전화 070) 4203-7755 **팩스** 070) 4170-4865
이메일 page2books@naver.com
종이 월드페이퍼 **인쇄·제본** 한영문화사

ISBN 979-11-6985-178-7 (03320)